Brüning · Deppe · Gassmann

Projekt Einheit
Rom, Ökumene und die Evangelikalen

Erich Brüning · Hans-Werner Deppe · Lothar Gassmann

Projekt EINHEIT

Rom, Ökumene und die Evangelikalen

betanien

1. Auflage 2004

Postfach 14 57 · 33807 Oerlinghausen
www.betanien.de · info@betanien.de
Satz: Betanien Verlag
Umschlagfoto und -gestaltung: Lucian Binder, Marienheide
Druck: Matthiesen Druck, Bielefeld

ISBN 3-935558-12-0

Inhalt

Vorwort

Seit Jahren beobachten viele bibeltreue Christen mit Besorgnis einen Annäherungs- und Verschmelzungsprozess der großen Kirchen und Religionen. Globalisierung und Fusionierung ist nicht nur Trend in Politik und Wirtschaft, sondern auch in der Christenheit. Europa wächst zusammen, und auch die Grenzen zwischen den Konfessionen verwischen. Insbesondere die Jahre 2003 und 2004 haben uns eine wohl noch nie dagewesene Einheits-Welle beschert, mit ökumenischen Aktionen und überkonfessionellen Großprojekten wie

Jahr der Bibel 2003
Ökumenischer Kirchentag 2003
ProChrist 2003
Impulstour »EINS« der Evangelischen Allianz 2004
Europatag Stuttgart, Mai 2004
Jesustag Berlin, September 2004

Echte, biblische Einheit unter Christen ist zwar wichtig und förderungswürdig, aber bei dieser Aneinanderreihung von Ökumene-Highlights geht es offenbar nicht um das gemeinsame Ausharren der »kleinen Herde« Jesu, die »nicht von dieser Welt« ist (Lk 12,32; Joh 17,14). Der »Europatag« unter dem Motto »Miteinander für Europa« am 8. Mai 2004 in Stuttgart, der u.a. von katholischen, charismatischen und evangelikalen Werken veranstaltet wird, hat z.B. das Ziel, dem vereinten Europa eine geistige Seele zu verleihen und »ein geeintes Europa für eine geeinte Welt« zu mobilisieren.[1] Einheit der ganzen Welt ist gewiss etwas anderes als die Einheit der Jünger Jesu, die von der Welt »gehasst« werden (Joh 17,14). Ein Hauptredner des Europatages ist der ProChrist-Prediger Ulrich Parzany, der im April 2004 zusammen mit den anderen Verantwortlichen diese Veranstaltung in Rom vorbereitet hat.

In Rom! Immer mehr führende Evangelikale zieht es offenbar Richtung Rom, in Richtung Katholizismus, in Richtung großer Ökumene. Diese besorgniserregende Entwicklung hin zu einer von

Rom diktierten, falschen und endzeitlichen Einheit werden wir in diesem Buch dokumentieren. Folgende drei Stränge der Einheitsbewegung müssen dabei zwar unterschieden werden, sind aber eng miteinander verknüpft:

- die eigentliche Ökumene-Bewegung (»Genf«), die zwar historisch im evangelikalen Einheitsanliegen wurzelt, aber von einer liberalen Theologie vereinnahmt wurde,
- der Katholizismus (»Rom«), der beansprucht, allumfassend (»katholisch«) zu sein und alle Christen einzuschließen und seit dem II. Vatikanischen Konzil eine eigene Ökumenepolitik betreibt,
- die evangelikale Einheits-Bewegung (»Lausanne«, nach der Lausanner Verpflichtung, s. S. 22-23), die sich einerseits von liberaler Theologie, Religionsvermischung und bloßem Namenchristentum distanzieren will, andererseits aber doch eng mit »Rom« und »Genf« verbunden ist.

In einer kritischen Stellungnahme zum »Jahr der Bibel 2003« schrieb Wolfgang Bühne: »Fast alle [Evangelikalen] sind auf den Zug Lausanne-Genf-Rom aufgesprungen und laden unterwegs fleißig andere ein, auch aufzusteigen.«[2] Der buchstäbliche Weg Ulrich Parzanys nach Rom hat dies nur einmal mehr bestätigt.

Auf dem Titelblatt des Nachrichtenmagazins »Der Spiegel« prangte am 26. April 2004 die Aufschrift: »1. Mai 2004 – Das neue Europa.« Darunter ein vielsagendes Bild: die entführte Europa der griechischen Mythologie auf dem Stier »Zeus« (wobei der Stier aus zwei sich verbrüdernd umgreifenden Händen geformt war). Christen bringen diese Darstellung Europas oft mit »der Frau auf dem Tier« aus Offenbarung 17 in Zusammenhang, dem endzeitlichen Babylon. Der »Spiegel«-Titel spielte auf die Erweiterung der EU um zehn neue osteuropäische Mitgliedsstaaten an, die am 1. Mai vollzogen wurde. Mit der Aufnahme Polens und anderer stark katholischer Staaten stieg der Anteil an Katholiken in der EU von zuvor 46% auf 50% an. Eine Umfrage ergab, dass die EU damit religiöser wurde und die EU-Bürger nach der Erweiterung im Schnitt stärker auf »religiöse Einrichtungen vertrauen«: 56% aus den Beitrittländern haben ein solches Vertrauen, gegenüber nur 42% in den bisherigen Mitgliedsstaaten. Ist es ein Zufall, dass die christlichen Einheitsaktionen zeitgleich mit der EU-Erweiterung im Mai 2004 forciert werden? Friedrich Aschoff, Vorsitzender der »Geistlichen Gemeindeerneuerung in der evangelischen Kirche« und Mitinitiator des Europatages, bestätigt sogar ausdrücklich, dass der Europatag passenderweise »in die Zeit der intensiven Debatte um die künftige Europa-Verfassung« fällt.[3]

Wenn sich solche groß angelegten Einheitsentwicklungen abzeichnen, ist für biblisch gesinnte Christen höchste Wachsamkeit geboten. Einen solchen Wächterdienst soll dieses Buch bieten. Doch wollen wir in diesem Buch nicht bei Kritik und Warnung stehen bleiben, sondern zeigen auch die biblische Alternative echter Einheit, einschließlich der Auslegung von Johannes 17.

Dieses Buch ist als Gemeinschaftswerk von drei Autoren entstanden. Zunächst lagen Artikel von Erich Brüning vor, die auf seinen Vorträgen und Ausarbeitungen zum Thema Ökumene und Katholizismus beruhten. Nach Ergänzung durch Lothar Gassmann und Hans-Werner Deppe, die über evangelikale Einheitsbestrebungen und Einheit aus biblischer Sicht schrieben, wurden alle Beiträge zu einem einheitlichen Buch verarbeitet. Welcher der drei Autoren sich bei den einzelnen Kapiteln und Abschnitten verantwortlich zeichnet, ist durch die jeweiligen Initialen EB, LG und HWD gekennzeichnet.

Hans-Werner Deppe, im Mai 2004

Kapitel 1

Was ist »Ökumene«? (EB, HWD und LG)

Das Wort *Ökumene* stammt aus dem Griechischen *(oikumene)* und bezeichnet den »bewohnten Erdkreis.« Das antike römische Weltreich mit seiner Hauptstadt Rom wurde »Ökumene« genannt. Rainer Wagner schreibt:

> Im Römischen Reich bezeichnete sich der Kaiser als »der gute Gott der Ökumene und ihr Heiland und Wohltäter«. Ökumene war also mit dem Römischen Reich identisch.[4]

Im Neuen Testament kommt der Begriff *Ökumene* an etwa 15 Stellen vor[5] und wird in der Regel mit »Erdkreis« übersetzt. Er hat dabei keine besondere theologische Bedeutung, wird jedoch meist in eher negativem Sinne gebraucht, nämlich als Machtbereich Satans, des »Fürsten dieser Welt«. Einige Beispiele:

- Der Teufel zeigte Jesus »alle Reiche der *Ökumene*« (Lk 4,5)
- Es werden furchtbare Dinge über die »*Ökumene*« kommen (Lk 21,26)
- Christen wurden beschuldigt, die »*Ökumene*« aufgewiegelt zu haben (Apg 11,28)
- Gott wird an einem bestimmten Tag die »*Ökumene*« richten (Apg 17,31)
- Die »*Ökumene*« verehrt die Muttergöttin Artemis aus Ephesus (Apg 19,27)
- Die »ganze *Ökumene*« wird von einer Drangsal von Gott heimgesucht werden (Offb 3,10)
- Die »ganze *Ökumene*« wird vom Teufel verführt (Offb 12,9)
- Die Anführer der »*Ökumene*« werden von Dämonen zu einem Krieg geführt (Offb 16,14)

Eine positive Schriftstelle, auf die sich Ökumeniker oft berufen, ist Hebräer 2,5: »Nicht Engeln hat er den zukünftigen Erdkreis (die *Ökumene*) unterworfen … [sondern dem Herrn Jesus]«. Es gibt also tatsächlich eine zukünftige »Ökumene« im positiven Sinne, nämlich das kommende Reich Gottes. Dieses Reich wird jedoch nicht durch menschliche Organisation herbeigeführt, sondern vom Herrn Jesus selbst, dem Herrscher dieses Reiches.

Eine der bemerkenswertesten dieser Schriftstellen dürfte Lukas 4,5-7 sein. Dort kommt deutlich zum Ausdruck, dass Satan Herr der »Ökumene« bzw. des »Erdkreises« ist und die Herrschaft darüber dem verleiht, der bereit ist, ihn anzubeten. Nachdem der Herr Jesus vierzig Tage in der Wüste gefastet hatte, führte der Satan ihn auf einen hohen Berg und zeigte ihm von dort die Reiche des Erdkreises, wörtlich die »Ökumene«, und bot ihm die Macht darüber an, wenn er ihn anbeten würde. Jesus wies diese Versuchung entschieden zurück.

Doch als drei Jahrhunderte später aus der verfolgten christlichen Gemeinde eine Kirche entstand, die unter der Gunst der römischen Herrschaft stand, wurden die Begriffe *Christentum* und *Ökumene* deckungsgleich. Mit anderen Worten: Die zum Römischen Reich *(Ökumene)* gehörende Menschheit wurde als »*christlich*« bezeichnet. Der römische Kaiser berief die ökumenischen Kirchenkonzile ein, und wer sich dieser Ökumene nicht unterordnete, wurde von der Reichsherrschaft verfolgt. Ein Ökumene-Lexikon schreibt:

> Im 3. und 4. Jahrhundert wird aus der »Kirche der Ökumene« die »Ökumene der Kirche«, d. h. die christliche Welt. Die politische und kirchliche Bedeutung verbinden sich in der Vorstellung von Ökumene als dem christlichen Imperium Konstantins [des ersten »christlichen« römischen Kaisers] und seiner Nachfolger.[6]

Im 19. Jahrhundert kam dann die ökumenische Bewegung als religiöse Einheitsbestrebung auf, die eine Zusammenführung aller christlichen Denominationen beabsichtigte. Seit Mitte des 20. Jahrhunderts erstreckt sich dieser Prozess jedoch nicht nur auf die christliche Ökumene zwecks Vereinigung aller christlichen Kirchen, sondern man spricht auch von einer *Großen Ökumene*, die alle Religionen und letztlich alle Menschen zusammenführen will.

1973 erklärte der damalige Generalsekretär des ÖRK, P. Potter:

> In diesem Verständnis ist die ökumenische Bewegung überall dort, wo Christen und andere in irgendeiner Weise um die Ein-

> heit der Menschheit bemüht sind … Daher ist das Streben nach der Einheit der Kirche unauflöslich verbunden mit dem Streben nach der Einheit der Menschheit.[7]

Auch der derzeitige Generalsekretär des Weltkirchenrates, Samuel Kobia, erklärt, der interreligiöse Dialog habe während seiner Amtszeit höchste Priorität.[8] Beispiele für die große Ökumene sind die Religionstreffen im Geiste von Assisi unter der Schirmherrschaft des Papstes. Ein ähnliches Treffen fand 2003 in Aachen statt:

> Vom 7.–9. September trafen sich in der geschichtsträchtigen Stadt Aachen 450 Religionsführer aus 58 Ländern. Das Treffen war eine Fortsetzung des 1986 von Papst Johannes Paul II. ins Leben gerufenen interreligiösen Friedensgebetstreffens von Assisi. Jetzt fand erstmals ein solches Treffen in Deutschland statt … Besonders stark vertreten waren diesmal Religionsführer des Islam.[9]

Bei dieser interreligiösen Ökumene müssen wir noch unterscheiden zwischen einer Ökumene *aller* Religionen und letztlich aller Menschen *(Adamitische Ökumene)* und der so genannten *Abrahamitischen Ökumene*, die auf eine Einheit von Judentum, Christentum und Islam abzielt. Obwohl sich manche Glaubensinhalte von Juden, Christen und Muslimen überschneiden, ist es klar, dass diese *Abrahamitische Ökumene* der Bibel widerspricht. Denn am Glauben an Jesus Christus als Sohn Gottes und einzigen Weg zum Heil scheiden sich die Geister, wie der Apostel Johannes schreibt:

> Wer an den Sohn Gottes glaubt, hat das Zeugnis in sich; wer Gott nicht glaubt, hat ihn zum Lügner gemacht, weil er nicht an das Zeugnis geglaubt hat, das Gott über seinen Sohn bezeugt hat … Wer den Sohn hat, hat das Leben; wer den Sohn Gottes nicht hat, hat das Leben nicht (1Jo 5,10-12).

Ökumene als neuzeitliche Bewegung

Während die römisch-katholische Kirche ihren allumfassenden Anspruch stets durch ihre Bezeichnung »katholisch« (d.h. allgemein) geltend gemacht und ihre Einheit durch eine unbeugsame Hierarchie bewahrt hat, sahen sich die Protestanten einer zunehmenden Zersplitterung ausgesetzt. Nachdem die protestantischen Volkskirchen im Niedergang begriffen waren und Erweckungen meistens zur Bildung neuer Kirchen und Denominationen führten, entstand im 19. Jahrhundert unter den evangelischen Christen vermehrt der Wunsch, neu nach christlicher Einheit zu streben. Schritte in diese Richtung ging z.B. in den 1820er Jahren die *Brüderbewegung*, bei der sich Christen allein auf Grundlage der Bibel schlicht versammelten, ohne sich durch Kirchenmitgliedschaft, Sonderbezeichnung etc. von anderen Christen zu trennen. Konfessionsgrenzen sollten hier nicht nur überschritten, sondern aufgelöst werden.

Ein anderer Schritt war die Gründung der *Evangelischen Allianz* 1846 in London. Damit wurde das Ziel eines überkirchlichen Zusammenschlusses von wahren Gläubigen über die Grenzen von Konfessionen hinweg erstrebt. Hier wurde allerdings bereits der Begriff *ökumenisch* verwendet. In der zweiten Hälfte des 19. Jahrhunderts entstanden auch noch eine Reihe weiterer über- oder nebenkirchlicher Bünde: 1855 der *CVJM,* 1881 der *Weltbund für entschiedenes Christentum* (EC), 1895 der *Christliche Studentenweltbund.* Internationale Missionskonferenzen wurden einberufen, die für den Anfang der ökumenischen Bewegung entscheidend waren.

Von diesen Konferenzen war die 1. Weltmissionskonferenz *Edinburgh 1910* von besonderer Bedeutung, auf der 1200 Delegierte aus nicht-katholischen und nicht-orthodoxen Gesellschaften und Kirchen zusammenkamen. Sie gilt als der eigentliche Beginn der ökumenischen Bewegung. Diese Konferenz hatte einen entscheidenden, epochalen Einfluss auf die ökumenische Bewegung. Mit ihrem »inklusiven« Charakter (sie wollte möglichst viele Richtungen einbeziehen), säte sie eine Saat der »progressiven« Theologie. Das Ökumene-Lexikon schreibt über diese Konferenz: »Beraten wurde über die Gesamtthematik christlicher Mission in der Ära westlicher Kolonialexpansion ... Zwangsläufig traten theologische Fragen zurück.«[10] Aus dieser Missionskonferenz ging schließlich der *Internationale Missionsrat* mit Sitz in Genf hervor, der später im Weltkirchenrat (ÖRK) aufging.

In Folge der Konferenz von Edinburgh wurde 1925 eine Weltkirchenkonferenz für »Praktisches Christentum« *(Life and Work)* nach Stockholm einberufen. Zwei Jahre später folgte eine weitere

Konferenz für »Glaube und Kirchenverfassung« *(Faith and Order)* in Lausanne. Beide Konferenzen waren von führenden Kirchenmännern angeregt worden: Erzbischof *Nathan Söderblom* von der Lutherischen Kirche in Schweden und Bischof *Charles Bent* von der Anglikanischen Kirche in den USA. Bent wollte die Kirchen an Fragen des Glaubens und der Kirchenverfassung heranführen, Söderblom lagen Fragen des Friedens und der sozialen Ordnung in der Welt am Herzen. Söderblom benutzte dabei bewusst das Wort »Ökumene,« um damit dem Werk einen Akzent der Versöhnung und der Schaffung neuer Gemeinschaften zwischen den Kirchen zu geben.[11]

Der humanistisch-synkretistische (d. h. religionsvermischende) Denkansatz bei Söderblom ist unverkennbar. Er deckt sich mit seinem Fernziel: *Einheit der ganzen bewohnten Erde – Ökumene – Einheit der Menschheit in Frieden und Gerechtigkeit.*

Der eigentliche Anlass für die Entstehung der modernen ökumenischen Bewegung war die Spaltung der Christenheit in verschiedenste Denominationen. Der Wunsch nach Einheit der Kirche und ihre Sendung in die Welt war ein dringendes Anliegen. Das Ziel der ökumenischen Bewegung war die Rückbesinnung auf christliche Einheit jenseits aller konfessionellen und nicht-theologischen, d. h. sprachlichen, nationalen, rassischen Verschiedenheiten.

Doch auch die lehrmäßigen Trennungsgründe rückten zunehmend an den Rand. William Temple, einer der Gründungsväter des ÖRK, bezeichnete Uneinigkeit unter Christen prinzipiell als Sünde. Damit verurteilte er jedoch nicht nur die Reformation, sondern auch alle neutestamentlichen Aufforderungen, sich von Irrlehrern, Sekten und Scheinchristen zu trennen (z. B. Röm 16,17; Tit 3,10; 2Tim 2,16-22; 2Jo 1,10).

Die wichtigsten ökumenischen Konferenzen der Neuzeit waren drei Vorstufen, deren Stränge sich in der Bildung des Weltkirchenrates vereinten:

- Weltmissionskonferenz Edinburgh 1910
- Konferenz für Praktisches Christentum Stockholm 1925
- Konferenz für Glaube und Kirchenverfassung Lausanne 1927

Diese Bewegungen waren stark von den jungen Führern von Edinburgh 1910 beeinflusst und mündeten schließlich 1948 in der Gründung des Weltkirchenrats *(Ökumenischer Rat der Kirchen, ÖRK).*[12] Der Organisator der Weltmissionskonferenz von 1910, John Mott, wurde 1948 Vizepräsident des neugegründeten Weltkirchenrats. Bei dieser ersten Vollversammlung des Weltkirchenrats am 23. August 1948 in Amsterdam gründeten 351 Delegierte aus 146 Kirchen den ÖRK. Rainer Wagner schreibt über diese Gründung:

> Es vereinigten sich 1948: Anglikaner, Lutheraner, Reformierte, einige Altorientalische und Orthodoxe Kirchen, Methodisten, einige Baptistenkirchen, Heilsarmee, Quäker und Altkatholische Kirche …
>
> Der schmale theologische Konsens der Mitgliedskirchen wird im Wortlaut der kurzen Basis deutlich: »Der ÖRK ist eine Gemeinschaft von Kirchen, die unseren Herrn Jesus Christus als Gott und Heiland anerkennen.« Dabei wurde auch diese Basis noch sehr weitherzig interpretiert. Unter den Gründungsmitgliedern war die religiöse Gemeinschaft der Quäker, eine zwar sehr karitativ wirkende, aber sich nicht im Sinne der Basis als Kirche verstehende Denomination, die auch von ihrer Lehre her ganz am Rand des christlichen Spektrums angesiedelt ist … Diese Minimalbasis erlaubt einem breiten Spektrum sich christlich verstehender Gruppierungen, selbst mit sektenhaften Lehren und Ordnungen, die Mitgliedschaft im Ökumenischen Rat.[13]

Man verzichtete also auf die autoritative und eindeutige Wegweisung der Heiligen Schrift. Diese Unverbindlichkeit ließ Unglauben und Irrglauben zu.[14] Die Konferenz in Edinburgh 1910 hatte neue Akzente gesetzt: Man bestand nicht mehr auf der Unfehlbarkeit der Schrift, sondern opferte das Schriftprinzip einer organisierten Einheit. Und man glaubte, durch die ökumenische Bewegung die Weltorganisation vollbringen zu können. So sollte die Welt evangelisiert und das kommende Reich Gottes eingeleitet werden.[15]

Das Reich Gottes wird in der Ökumene als eine »reale bzw. politische Utopie« verstanden, d.h. als eine ideale Vision, die mit menschlichen Bemühungen tatsächlich verwirklicht werden kann. Doch das Reich Gottes kann der Bibel zufolge nicht durch menschliche Organisation herbeigeführt werden. Christen sollen beten, dass Gottes Reich komme. Sie sollen als gehorsame Untertanen dieses Reiches leben und andere durch das Evangelium in dieses

Reich rufen. Aber Christen haben keinen Auftrag, ein irdisches Reich Gottes zu bauen. Jesu Reich ist nicht von dieser Welt. Die Hoffnung des Christen ist der Himmel und die Wiederkunft Jesu, und mit ihm wird das Reich Gottes kommen (Phil 3,20).

Die römisch-katholische Ökumene

Die ökumenische Bewegung ging ursprünglich von den protestantischen Kirchen aus und die römisch-katholische Kirche hielt sich kritisch zurück. Doch seit dem II. Vatikanischen Konzil hat sich die katholische Kirche, die sich als die einzig wahre und daher ohnehin einzig »ökumenische« und allumfassende Kirche versteht, für die Einheitsbewegung geöffnet und erstrebt eine Ökumene im eigenen Interesse. Allan Morrison analysiert treffend:

> Die wachsende, weltweite Macht des Weltkirchenrates in den 50er Jahren muss der römischen Kirche sowohl einen einschüchternden als auch einen verlockenden Ausblick gebracht haben. Einschüchternd deshalb, weil der »Gegner« ihr die Schau stehlen könnte und verlockend, weil die Möglichkeit bestand, mehrere protestantische Gruppierungen unter ihre Obhut zu bekommen ... Der Vatikan begann zu erkennen, dass sich eine kraftvolle, weltweite protestantisch-ökumenische Bewegung durch den Weltkirchenrat etabliert hatte. Es musste etwas getan werden ... Dementsprechend verkündete Papst Paul VI. im »Dekret über den Ökumenismus« (1964) auf dem II. Vatikanischen Konzil eine größere Veränderung in der offiziellen katholischen Haltung anderen Denominationen gegenüber. Obwohl die historische Behauptung: »Nur durch die katholische Kirche Christi [...] kann man Zutritt zu der ganzen Fülle der Heilsmittel haben,« beibehalten wurde, war die römische Kirche zum ersten Mal in der Geschichte bereit zuzugeben, dass sich echte Christen, »getrennte Brüder«, auch außerhalb der Herde Roms befanden.[16]

Kurz vor Beginn des Konzils hatte Papst Johannes XXIII. das »Sekretariat für die Einheit der Christen« eingerichtet. Es war eine seiner ersten Maßnahmen, um sich mehr in die ökumenischen Belange einzuschalten. Die Auswirkungen reichen hinein bis in die 2003 unterzeichnete *Charta Oecumenica*.

Der Papst lud sogar Nichtkatholiken zum Konzil ein, Kirchen und Vertreter aller größeren Denominationen. Das hatte Konsequenzen. Im Gegenzug nahm ab 1965 eine Gruppe von zwölf katholischen stimmberechtigten Vertretern an den Ratssitzungen des ÖRK teil. Die Gruppe nannte sich Vatikan-ÖRK. 1969 besuchte sogar Papst Paul VI. den ÖRK in Genf.[17]

Die Papstkirche sieht ihre Stunde als gekommen, um das zu verwirklichen, worauf sie immer hingearbeitet hat: Die eine wahre Kirche auf dieser Erde zu werden. Das globale Ziel des Katholizismus ist Einheit und Totalität oder auch Vielfalt in Einheit.

Die bedeutende Rolle des Papstes im Ökumeneprozess wurde deutlich, als ihm am 25. März 2004 der *Außerordentliche Karlspreis* für seine Verdienste für ein ökumenisches und vereintes Europa verliehen wurde. Der Papst wurde dabei gewürdigt mit den Worten: »Das interreligiöse Gespräch mit den christlichen Kirchen sowie auch mit den Juden und Muslimen haben Sie zur Grundlage und Voraussetzung für den inneren Frieden in Europa gemacht.«[18]

In einem Beitrag der Zeitschrift *Bibel und Gemeinde* schrieb der Rektor der Freien Theologischen Akademie Gießen, Prof. Helge Stadelmann, über die zur Jahrtausendwende veröffentlichte Vatikan-Erklärung *»Dominus Jesus«:*

> Es wird die Zusammenführung des Universums als katholische Zukunftsvision entfaltet und vertreten, dass sich Christus auch in den heiligen Büchern anderer Religionen offenbart habe und der Geist Gottes in diesen Kulturen und Religionen ein Heranreifen der Menschen auf Christus hin bewirke. Dieses allumfassende katholische Prinzip gilt es zu verstehen.[19]

In diesem Zusammenhang warnt Stadelmann vor einer Vereinnahmung der evangelikalen Bewegung durch die römisch-katholische Kirche. So warnt auch Rainer Wagner in seinem Buch *Alle in einem Boot – Ökumene und der Preis der Einheit*:

> Waren die Evangelikalen anfänglich der Ökumene gegenüber äußerst zurückhaltend, so haben sie sich mittlerweile mit den Nationalräten (in Deutschland der ACK) und anderen Aktivitäten arrangiert.«[20]

Dies bestätigte sich, wie wir im Verlauf dieses Buches sehen werden, z.B. auf den ökumenischen Großaktionen der letzten Jahre 2003 und 2004 in aller Deutlichkeit. Im deutschen Zweig der Ökumene, der Arbeitsgemeinschaft christlicher Kirchen (ACK), ist die römisch-katholische Kirche – anders als im ÖRK – Vollmitglied. Neben ihr gehören der ACK u.a. die Evangelische Kirche in Deutschland (EKD), der Bund Evangelisch-Freikirchlicher Gemeinden in Deutschland (BEFG, Baptisten), die Heilsarmee, die Herrnhuter Brüdergemeine, die Evangelisch-Methodistische Kirche, die Altkatholiken und die orthodoxen Kirchen an.

Das falsche Evangelium der Ökumene

Da der Weltkirchenrat aus Missionskonferenzen hervorgegangen ist, nahm bei der ökumenischen Bewegung die Mission und Evangelisation von Anfang an eine Vorrangstellung ein. Das Hauptthema der 2. Vollversammlung des ÖRK 1954 in Evanston war Evangelisation. Im Vorbereitungsheft dieser Vollversammlung heißt es: »Evangelisation ist das ökumenische Thema par excellence.«

Doch die Preisgabe des reformatorischen Schriftprinzips (»Sola Scriptura« – allein die Bibel) verführte den Internationalen Missionsrat und seine Nachfolgerin, die Kommission für Weltevangelisation des ÖRK, zum Konzept der sogenannten *Größeren Evangelisation.* Auf der 3. Vollversammlung des ÖRK 1961 in Neu-Delhi wurde zwar die Basisformulierung etwas erweitert und der Ausdruck »gemäß der Schrift« aufgenommen, doch war diese Vollversammlung letztlich ein Meilenstein hin zur Untergrabung des Evangeliums, und zwar in zweierlei Hinsicht:

Erstens wurden 23 neue Kirchen aufgenommen, u.a. Pfingst- und orthodoxe Kirchen, und es wurde beschlossen, dass Angehörige von Mitgliedskirchen nicht missioniert werden dürften (der so genannte »Proselytenbeschluss«), weil vorausgesetzt wird, dass sie bereits Christen seien. Von der Notwendigkeit der persönlichen Wiedergeburt (Joh 3) war in Neu-Delhi keine Rede mehr.[21]

Zweitens ging diese Vollversammlung noch einen Schritt weiter, indem sie das falsche Evangelium des allumfassenden »kosmischen Christus« akzeptierte.[22] Die Theologie des »kosmischen Christus«, die auf der ÖRK-Vollversammlung in Neu-Delhi von Joseph Sittler präsentiert wurde, weitet das Heil auf die ganze Menschheit aus, unabhängig von ihrer Religion. Seither wird »Mission« im ökumenischen Sinne als Dialog mit anderen Religionen verstanden gepaart mit sozialem Engagement. Auf der 4. ÖRK-Vollversammlung 1968 in Uppsala wurde dann auch klargestellt: »Dienst und Kampf um soziale Gerechtigkeit haben deshalb Vorrang vor der Verkündigung.«[23]

So enthält die ökumenische Theologie im Unterschied zur evangelikalen Evangelisationstheologie folgende antichristliche Postulate:

1. Die Menschheit und die Welt sind seit Christus erlöst.
2. Die Bekehrung wird zu einem bloßen Erkennen dessen, was Christus bereits getan hat.
3. Die Bibel ist der unzählbare Schatz der Kirche, aber nicht das einzige Wort Gottes.
4. Wiedergeburt bedeutet lediglich ein größeres Maß an »Licht« zu erfassen, als man bereits besitzt.[24]

Der implizierte Universalismus (Allerlösung) hatte den Unterschied zwischen Kirche und Welt, zwischen Christentum, nichtchristlichen Religionen und Personen die »keinen Glauben haben«, nivelliert.[25]

In Neu-Delhi 1961 wurde außerdem gelehrt:

> Nicht die gesammelte Kirche, die *ecclesia*, soll das Reich Gottes erben, sondern alle Menschen. Die Kirche ist nicht mehr allein der Leib Christi, sondern die ganze Welt. Das universal erlöste Universum ist sein Leib. [26]

Dieser Universalismus meint, Christus habe sich in seiner Inkarnation (Menschwerdung) mit allen Menschen vereinigt. Eine ewige Verdammnis gebe es nicht.

Auch der Katholizismus lehrt seit dem II. Vatikanischen Konzil, das Heil sei bereits zu allen Menschen gekommen. In der Konzilserklärung »über die Kirche in der Welt von heute« *(Gaudium et spes)* wird das Verhältnis zwischen Kirche und Menschheit erklärt. Das Konzil »bekennt die hohe Berufung des Menschen, sie erklärt, dass etwas wie ein göttlicher Same in ihn [den Menschen] eingesenkt ist und bietet der Menschheit die aufrichtige Mitarbeit der

Kirche an zur Errichtung jener brüderlichen Gemeinschaft, aller, die dieser Berufung entspricht«.[27] Die Erlösung in Christus bezieht das Konzil auf alle Menschen: »Der Sohn Gottes hat sich in seiner Menschwerdung gewissermaßen mit jedem Menschen vereinigt.«[28] Und nach Erklärung der Auferstehungshoffnung schreibt der Konzilstext: »Das gilt nicht nur für die Christusgläubigen, sondern für alle Menschen guten Willens.«[29]

Johannes Paul II. bezieht sich in seiner Erlösungslehre auf diese Konzilslehre und erklärt:

> Nach diesen Worten war die Geburt der Kirche im Moment des messianischen, erlösenden Todes Christi im Grunde auch die Geburt des Menschen, und zwar *unabhängig davon, ob der Mensch dies weiß oder nicht, dies annimmt oder nicht.* In diesen Moment hat der Mensch eine neue Dimension seines Daseins erhalten, die von Paulus kurz und bündig »Sein in Christus« genannt wird … *Der Mensch existiert »in Christus«,* und zwar nach dem ewigen Heilsplan Gottes *von Anfang an*; doch durch den Tod und die Auferstehung ist dieses »Sein in Christus« zu einer geschichtlichen, in Zeit und Raum verwurzelten Tatsache geworden.«[30]

Prof. Johannes Dörmann, ein kritischer Interpret dieser *Neuen Theologie* des Papstes, erklärt hierzu:

> Wir können als Ergebnis festhalten: Der Kardinal Wojtyla [d.h. der Papst] vertritt die These von der objektiven und subjektiven Universalität der Erlösung, also von der Allerlösung.[31]

Der Papst ist sich hier der Neuheit seiner »universalen« Sicht des »Erlösers des Menschen« durchaus bewusst. Er sieht darin keinen Widerspruch zur vorkonziliaren Lehre der Kirche, sondern nur ein »vollständigeres Wissen um das Geheimnis Christi«, das der Christenheit »durch die Öffnung, die vom II. Vatikanischen Konzil vollzogen wurde«, zuteil geworden sei.[32] Nach dieser Lehre –

> ist jeder Mensch vom Anfang bis zum Ende der Welt bereits erlöst und gerechtfertigt … besitzt jeder Mensch das »Sein in Christus«. Aber demzufolge »entfällt der Rechtfertigungsprozess, der heilsnotwendige Glaube und die heilsnotwendige

Taufe. Dann verliert auch die Heilsgeschichte selbst ihren echt geschichtlichen, entscheidungsvollen Charakter.«[33]

Das wirkt sich nach der Neuen Theologie des Papstes bedeutend darauf aus, was man unter der *einen weltweiten Kirche* versteht:

> Die »Kirche« umfasst nun die ganze ... erlöste Menschheit ... Alle Menschen sind von diesem Sakrament der Einheit umfangen ...
>
> Die »Kirche des lebendigen Gottes« vereint alle Menschen. Die Allerlösung ist die gemeinsame Basis ... Alle Religionen enthalten echte Offenbarung, Gotteserkenntnis und Gotteserfahrung. Der Glaube umfasst alle »Glaubenden« in allen Religionen. Glaube ist Menschheitsglaube.[34]

Dem widersprechen wir mit den Worten des Apostels Paulus: *»Der Glaube ist nicht jedermanns Ding.«* (2Thes 3,2). Menschheitsglaube ist ein Allerweltsglaube. In Galater 3,11 ist jedoch von einem Glauben die Rede, durch den der Gerechte leben wird. Galater 3,8 sagt, dass Gott den Menschen aufgrund seines Glaubens gerecht spricht. Damit ist der biblisch-christliche Glaube gemeint und kein Menschheitsglaube. Es ist der lebendige, von Gott geschenkte Glaube an den dreieinigen Gott, der in Christus geoffenbart wurde.

Doch der Papst hält seine »Neue Theologie« für den Weg zum Weltfrieden. Johannes Dörmann bringt diese Theologie des Papstes auf den Punkt:

> Auf der Basis der Religionsfreiheit ist der interreligiöse Dialog als brüderlicher Austausch religiöser Erfahrung zu gegenseitiger Bereicherung der goldene Weg zum allgemeinen Religionsfrieden.[35]

Im ÖRK wird seit der Konferenz von Neu-Delhi 1961 die gleiche Theologie vertreten. Unter der Überschrift »Neu-Dehli 1961: Der Triumph der Allversöhnung«, legt Arthur Johnston die ÖRK-Lehre dar, dass »die Glieder der Mitgliedskirchen des ÖRK alle ›erlöst‹ sind und Christus sich auch den Menschen anderen Glaubens und solchen ohne Glauben geoffenbart hat«.[36] »Der Mensch gilt schon jetzt als mit Gott versöhnt.«[37]

In seiner Schrift »Reich Gottes oder Weltgemeinschaft« weist *Prof. Walter Künneth* zu dieser Thematik auf ein bemerkenswertes Zitat von *Prof. Jürgen Moltmann* (einem führenden Vertreter der Ökumene) hin, der feststellte, dass nur eine künftige Weltgemeinschaft den Frieden garantiere. Ohne diese »reale Utopie« sähe Moltmann keine Überlebenschance für die Menschheit.[38] Künneth kommentiert:

> Die »utopische Vision« zielt auf eine Weltregierung, die von einer Ökumene der Religionen und Ideologien getragen wird. Nach biblischen Weisungen wird deren gekröntes Haupt allerdings niemand anders sein als der kommende Antichrist, unterstützt durch seinen falschen Propheten.[39]

Die evangelikale Antwort auf die Ökumene

Weil sich die bibeltreuen Evangelikalen mit einer solchen falschen Heilslehre der Ökumene natürlich nicht abfinden konnten, führten sie nach der theologischen Wende des ÖRK ab den 1960er Jahren eigene Weltmissionskonferenzen durch. Die bedeutendste davon ist Lausanne 1974, die zur bekannten »Lausanner Verpflichtung« führte. Diese Verpflichtung ist eine Art Manifest der Evangelikalen, die sie ursprünglich von der ökumenischen Bewegung unterschied und zu einer eigenen »Lausanner Bewegung« geführt hat.

Die Lausanner Verpflichtung distanziert sich deutlich von dem falschen ökumenischen Evangelium, z.B. in ihrem Punkt 3 »Einzigartigkeit und Universalität Jesu Christi« in Anspielung auf Römer 1,18ff:

> Zwar wissen wir, dass alle Menschen aus der allgemeinen Offenbarung in der Natur Gott erkennen können, aber wir bestreiten, dass sie dies erretten kann, denn sie unterdrücken die Wahrheit durch Ungerechtigkeit. Als Herabsetzung Jesu Christi und des Evangeliums lehnen wir jeglichen Synkretismus ab und jeden Dialog, der vorgibt, dass Jesus Christus gleichermaßen durch alle Religionen und Ideologien spricht.[40]

So klar dieses Bekenntnis ist, so ist es doch umso erstaunlicher, dass die evangelikale Bewegung heute wieder eng mit der Weltökumene vernetzt ist und die Maschen dieses Netzes immer enger werden. Man muss sich fragen, ob bei der Lausanner Bewegung nicht von Anfang an die Weichen falsch gestellt waren. Iain Murray schreibt:

> Arthur P. Johnston, ein Bewunderer [des Kongressleiters] Billy Grahams und Lausanne-Teilnehmer, räumte ein, dass zwar »die Theologie Lausannes grundsätzlich gesund und klar war«, doch der Kongress »die Türen für breit gefasste evangelikale Ansichten öffnete«. Er glaubte, dass der Kongress Kompromisse mit denen gemacht habe, die nicht zur Verbalinspiration der Schrift stehen sowie mit ökumenischer Theologie, und zwar in den Aussagen über soziales Engagement und über die Notwendigkeit kirchlicher Einheit.« …
>
> Ein Hauptredner des Lausanner Kongresses von 1974 bekräftigte die Notwendigkeit »eines katholischen Evangelikalismus« und fuhr fort: »Die Zeit ist weltweit reif für das Aufkommen einer tief biblischen evangelikalen Bewegung, die sowohl Katholiken als auch Protestanten einschließt … Die biblischen und charismatischen Betonungen des Katholizismus im Fahrwasser des II. Vatikanischen Konzils heben sofort viele traditionelle protestantische Vorbehalte auf.«[41]

Bei der Lausanner Missionskonferenz waren viele teilnehmende Personen, Organisationen und Kirchen ebenfalls mit dem ÖRK verbunden. Einige ÖRK-Funktionäre und katholische Priester waren eingeladen. Mit Billy Graham führte ein Mann den Vorsitz, der für seine guten Beziehungen zum Vatikan bekannt ist und der den Papst als »weltweit größten Evangelisten«[42] bezeichnete. Er gilt als »Katalysator, der Einzelpersonen und Bewegungen zusammenbringen und einen Prozess der Verschmelzung in Gang setzen konnte.«[43] Dieser Verschmelzungsprozess zwischen evangelikaler und ökumenischer Bewegung befindet sich, wie wir in diesem Buch sehen werden, offenbar bereits im fortgeschrittenen Stadium.

So ist auch die Lausanner Bewegung mehr von Integration geprägt als von klarer Distanzierung. Sie vereinte sofort Evangelikale, Pfingstler und Charismatiker und rief auch schon bald Adventisten und Katholiken in ihre Gemeinschaft. Sie praktiziert Einheit auf Kosten der Wahrheit. Auf dem Nachfolgekongress von

Lausanne, dem Missionskongress »Lausanne II« 1989 in Manila, wurde die stark charismatisch geprägte Bewegung AD2000 ins Leben gerufen unter dem Motto »Das ganze Evangelium der ganzen Welt durch die ganze Gemeinde.« Die notwendige Folge war eine »Koalition für Evangelisation«, d.h. ein ökumenischer Schulterschluss und ein Netzwerk unter Christen aller Konfessionen. Es bleibt unausweichlich, dass dieses Netz auch mit der großen ökumenischen Bewegung verwoben ist. Die großen Strukturen und Organisationen, die die Evangelikalen weltweit geschaffen haben, erfordern nicht nur Berührungspunkte mit der Ökumene, sondern ein Miteinander: »Der ÖRK hat Gaststatus beim evangelikalen Lausanner Komitee für Weltevangelisation. Evangelikale werden vom ÖRK konsultiert und akzeptiert.«[44] Wie weit die Evangelikalen bereits von Rom und der Ökumene vereinnahmt sind, wird in diesem Buch im weiteren Verlauf dokumentiert werden.

In Deutschland nennt sich die Lausanner Bewegung seit November 2002 »Koalition für Evangelisation in Deutschland« mit dem Vorsitzenden Ulrich Parzany. Typische Arbeitsbereiche dieser Koalition sind z.B. die Aktion *ProChrist*, das *Willow-Creek*-Konzept und die *Alpha-Kurs*-Bewegung. Alle drei Bereiche sind für ihren integrativen, ökumenischen Ansatz bekannt, der deutlich mehr Wert auf eine umfassende Einheit legt als auf Treue zur Wahrheit und daher auch die römisch-katholische Spielart des Christentums mit einschließt.[45]

Kapitel 2
Die Charta Oecumenica *(HWD)*

Als »Meilenstein des ökumenischen Prozesses« wurde ein Dokument bezeichnet, das gemeinsam von der Konferenz Europäischer Kirchen (KEK, Zusammenschluss evangelischer und orthodoxer Kirchen) und dem Rat der Europäischen Bischofskonferenzen (CCEE, römisch-katholisch) herausgegeben und im April 2001 unterzeichnet wurde. Auf dem ersten Ökumenischen Kirchentag in Berlin im Mai 2003 wurde diese »Charta Oecumenica« von 16 Kirchen, darunter die römisch-katholische Kirche sowie zahlreiche orthodoxe und evangelische Kirchen und Freikirchen, in einem feierlichen Gottesdienst unterschrieben. Angeregt worden war diese Charta auf der Europäischen Ökumenischen Versammlung 1997 in Genf. Diese großen Europäischen Ökumenischen Versammlungen werden gemeinsam von KEK und CCEE veranstaltet.

Die KEK repräsentiert die europäische Ökumene und entspricht dem ÖRK auf weltweiter und dem ACK auf deutscher Ebene. Obwohl sie die klassische liberale Ökumene repräsentiert, sind Evangelikale und angeblich »Bibeltreue« stark im KEK vertreten: Zu den deutschen KEK-Mitgliedern gehören neben der EKD und den Alt-Katholiken u.a. auch der Bund evangelisch-freikirchlicher Gemeinden (BEFG, Baptisten) und die Evangelisch-methodistische Kirche (EmK).

Das Hauptthema der Charta ist die Verständigung und Versöhnung von Kirchen, Kulturen, Völkern und Religionen in einem neuen Europa. Die Kirchen verpflichten sich in der Charta, die Einigung des europäischen Kontinents zu fördern. Dabei wird der christliche Glaube jedoch lediglich als eine Kraft verstanden, die zur religiösen »Bereicherung Europas« dient. So heißt es unter dem Punkt »Europa mitgestalten«:

> Wir sind überzeugt, dass das spirituelle Erbe des Christentums eine inspirierende Kraft zur Bereicherung Europas darstellt. Aufgrund unseres christlichen Glaubens setzen wir uns für ein humanes und soziales Europa ein, in dem die Menschenrechte und Grundwerte des Friedens, der Gerechtigkeit, der Freiheit,

der Toleranz, der Partizipation und der Solidarität zur Geltung kommen.

Das Nachrichtenmagazin »Topic« kommentiert:

> Mit dieser Verpflichtung haben die Kirchen gleich mehrere zentrale Absichten der Freimaurerei unterschrieben ... »Menschenrechte«, »Freiheit«, »Toleranz«, »Solidarität« (=Brüderlichkeit), sind zentrale Begriffe der Freimaurerei, die in der Bibel keine oder eine andere Bedeutung als im weltlichen Bereich haben. Die Toleranz ist dabei der Schlüssel allen freimaurerischen Denkens und Handelns. Sie fungiert als »Bindemittel« für unterschiedlichste Ansichten.[46]

Mit der Charta verpflichten sich die Kirchen auch, das Evangelium nur in gegenseitiger Absprache zu verkündigen:

> Wir verpflichten uns, über unsere Initiativen zur Evangelisierung mit den anderen Kirchen zu sprechen, darüber Vereinbarungen zu treffen und so der schädlichen Konkurrenz sowie die Gefahr zu neuer Spaltung vermeiden.[47]

Was die einzelnen Kirchen unter »Evangelium« verstehen, steht dabei überhaupt nicht zur Debatte. Für die römisch-katholische Kirche bedeutet »Evangelisation«, Menschen zu Werkgerechtigkeit, Ritualismus und Marienverehrung hinzuführen. Hätten sich wohl Luther und der Ablassprediger Tetzel in Sachen Evangelisation einigen können? Hätten sie einander die Hände geschüttelt und zustimmend genickt und anerkannt, dass man in freundschaftlichem Miteinander sowohl die biblische als auch die römisch-katholische Auffassung vom Seelenheil verkündigen solle?

Das biblische Evangelium sucht man vergeblich in der Charta und ihren Begleitmaterialien. Die Religiosität der Charta ähnelt vielmehr dem römisch-katholischen Verständnis. Ziel ist die »sichtbare Einheit«, d.h. die organisatorische, hierarchische Einheit, wie die katholische Kirche sie stets aufrechterhalten hat. Anzustrebende Wegepunkte zu dieser sichtbaren Einheit sind die »gegenseitig anerkannte Taufe« und die »eucharistische Gemeinschaft«.[48] Das Ziel heißt also Sakramentalismus – ein Wesensmerkmal des Katholizismus. Die Eucharistie gibt es in den reformatorischen Kirchen gar nicht; und mit der Taufe ist offenbar die Ritualtaufe gemeint, durch die man ohne biblische Bekehrung zum »Christen« und zum Glied der ökumenischen Kirchen gemacht wird. Stark katholisch anmutende Rituale, Symbole und Bilderverehrung finden sich auch in den Gottesdienstvorschlägen der »Arbeitshilfe« zur Charta.[49] Den Gemeindezusammenkünften im Neuen Testament sind solche Zeremonien fremd. Die »Arbeitshilfe« empfiehlt hingegen sogar Bräuche des römisch-katholischen Festes »Mariä Himmelfahrt«.[50]

Die Charta geht jedoch noch einen Schritt weiter. Unter Punkt 11, »Beziehungen zum Islam pflegen«, verpflichten sich die Kirchen:

> Die Begegnung zwischen Christen und Muslimen sowie den christlich-islamischen Dialog wollen wir auf allen Ebenen intensivieren. Insbesondere empfehlen wir, miteinander über den Glauben an den einen Gott zu sprechen und das Verständnis der Menschenrechte zu klären … Wir verpflichten uns … bei gemeinsamen Anliegen mit Muslimen zusammenzuarbeiten.[51]

Die begleitende »Arbeitshilfe« zur Charta druckt bei diesem Punkt sogar die 1. Sure und die islamischen Feiertage ab und empfiehlt als Aktion den »Tag der offenen Moschee«. Mit keinem Wort wird hingegen auf die Notwendigkeit hingewiesen, den Muslimen das biblische Evangelium zu verkündigen, damit sie gerettet werden.

Ganz im Sinne der Charta plant die »Arbeitsgemeinschaft christlicher Kirchen« (ACK, deutscher Zweig des ÖRK) nun für die Jahre 2004 bis 2007 ein Schwerpunktprojekt unter dem Namen »Weißt Du, wer ich bin?«, das auf Begegnungen und Gespräche zwischen Christen, Juden und Muslime abzielt. Geplant ist die Bildung von ca. 100 multireligiösen lokalen Gruppen. In den Gruppen soll man sich über die Glaubenstradition austauschen und die eigenen Glaubensvergewisserung suchen. Das Projekt wird von der ACK, dem Zentralrat der Juden und dem Zentralrat der Muslime in Deutschland getragen.

Religionsvermischung wird in der Charta-Arbeitshilfe außerdem an etlichen weiteren Stellen gefördert, z. B.:

- Die Juden werden als »Geschwister« bezeichnet.
- Die Sage von der entführten Europa aus der griechischen Mythologie ist abgedruckt, daneben ein Bild von der Plastik vor dem Gebäude des Europarates: Europa reitend auf dem Stier.
- Gott sei »in allen Menschen zu finden«
- Jüdische, christliche und muslimische Jugendliche sollen zusammen beten.
- Es wird positiv auf den »Tag der Weltreligionen« auf der EXPO (Hannover, 12. September 2000) hingewiesen: »Buddhisten, Hindus, Muslime, Christen beten gleichzeitig für den Frieden.«[52]

Die Charta und die »Arbeitshilfe« betonen immer wieder ihren verbindlichen, verpflichtenden Charakter. Sie ist eine rechtliche Vorgabe von oben, vom Dach der Ökumene, an die sich die einzelnen Kirchen vor Ort halten müssen. Zwar hat sie noch keine kirchenrechtliche Wirkung, pocht aber in ihren Aussagen mit dem psychologischen Druck eindringlicher Wiederholungen auf ihre verbindliche Geltung. Wer sich dieser Verpflichtung entzieht, gilt folglich als Querulant und intoleranter Fundamentalist.

Die unterzeichnenden Kirchen haben sich mit der Unterschrift quasi unter einen Eid gestellt, obwohl die Bibel solche Satzungen deutlich verbietet: »Was unterwerft ihr euch Satzungen, als lebtet ihr in der Welt?« (Kol 2,20). Wir sollen uns unter kein Joch begeben, denn »für die Freiheit hat Christus uns freigemacht« (Gal 5,1). Und ein gemeinsames Joch mit solchen, die nur dem Namen nach Christen sind, aber die Kraft des Evangeliums leugnen, gilt erst recht: »Geht nicht unter fremdartigem Joch mit Ungläubigen! Denn welche Verbindung haben Gerechtigkeit und Gesetzlosigkeit? Oder welche Gemeinschaft Licht mit Finsternis?« (2Kor 6,14). Deshalb können sich bibeltreue Christen von der Charta Oecumenica und ihren Verfechtern nur distanzieren.

Der einheitspolitische Hintergrund der Charta (LG)

Welches Ziel steht hinter der Charta Oecumenica und den anderen ökumenischen Bestrebungen, wie sie vom Ökumenischen Rat der Kirchen, aber auch vom Vatikan vertreten werden? Das Ziel heißt: Einheit – und als Vorstufe hierzu: Dialog und Toleranz.

Die Charta Oecumenica knüpft ausdrücklich an die *Europäischen Ökumenischen Versammlungen* (EÖV) von Basel 1989 und von Graz 1997 an und fordert die Einberufung weiterer solcher Versammlungen. Insbesondere die Versammlung von Basel im April 1989 – ein halbes Jahr später fiel die Berliner Mauer! – war für Politik und Kirchen wegweisend. Ich wohnte ihr als Beobachter bei und veröffentlichte im Anschluss daran eine kritische Analyse.[53] Bereits bei der Basler Versammlung stand an erster Stelle die Schaffung oder Stärkung internationaler Ordnungen und Institutionen. So hieß es im Schlussdokument:

> Kein Land kann die Probleme der weltweiten Armut und Ungerechtigkeit allein lösen. Wir brauchen eine neue internationale Ordnung, in der die Menschenrechte wirklich geachtet werden, in der das Völkerrecht gestärkt und durch entsprechende Institutionen in die Praxis umgesetzt wird und in der gerechte Wirtschaftsbeziehungen ausgebaut werden (§ 10).

Ferner müsse der »Krieg als solcher … abgeschafft« werden, wozu eine »Weltfriedensordnung« nötig sei (§ 11). Und auch eine »ökologische Weltordnung« werde gebraucht, weil ökologische Probleme »von keiner Regierung allein auf der nationalen Ebene gelöst werden« könnten (§ 13).

Als Organisation, an die man dabei anknüpfen kann, bietet sich die UNO an: »Die internationale Struktur der Vereinten Nationen sollte wirksamer gestaltet werden« (§ 83). Auch der Parlamentarier David Steel, Vorsitzender der Liberal Party und Präsident der Anti-Apartheid-Bewegung Großbritanniens, forderte bei seinem Plenarreferat vor der EÖV in Basel eine Stärkung der UNO, damit sie bei nationalen Konflikten »die Rolle der überwachenden und richterlichen Instanz übernehmen« könne.« Laut dem Schlussdokument soll die UNO unter anderem die Einhaltung der »Menschenrechte« und die »Beseitigung aller Formen von Intoleranz und Diskriminierung aufgrund der Religion oder der Überzeugung« garantieren. Dazu fordern die Delegierten »die Errichtung der nötigen Kontrollmechanismen für den Fall der Nichteinhaltung dieser Rechte« und einen »internationalen Gerichtshof« (§ 84). Werden diese Forderungen erfüllt, dann kommt die Entwicklung zur Welteinheit zweifellos ein großes

Stück voran. Eine wichtige Teiletappe dorthin ist die europäische Einigung.

Mit »Anhängern anderer Weltanschauungen und Glaubensformen und über den entzweienden Graben in Europa hinweg« soll ein Dialog geführt werden. Ein Prozess soll in Gang kommen, »bei dem die Grenzen allmählich ihren trennenden Charakter verlieren« (§ 60).

Denn – so wird gesagt – »unser Herr Jesus Christus hat die trennenden Wände eingerissen«. Der »Leib Christi (ist) ›überwundene Feindschaft‹ und ermöglicht dadurch »das gemeinsame europäische Haus«, in dem Werte wie »Freiheit, Gleichheit, Toleranz, Solidarität und Partizipation« anerkannt werden sollen (§§ 65-67).

Aus dem bisher Gesagten wird deutlich, dass nach der Vorstellung der EÖV eine europäische – und darüber hinaus weltweite – Einheit nur durch Auflösung der bestehenden Machtblöcke möglich ist – und das heißt: durch Relativierung und Annäherung ihrer Ideologien (inzwischen ist diese tatsächlich eingetroffen!; LG). Doch nicht nur die Ideologien rücken aufeinander zu, sondern auch die Religionen. Papst Johannes Paul II. rief in seiner an die EÖV gerichteten Grußbotschaft dazu auf, sich der »denkwürdigen Stunden in Assisi und der gemeinsamen Bitten von Christen und der Meditationen anderer Gläubiger zu erinnern«. Die Überwindung der Zerspaltung Europas ist für ihn »eine Antwort Gottes auf die Gebete von Frauen und Männern guten Willens«.

»Menschen guten Willens« ist ein Begriff, der über die Bezeichnung »Christen« hinausgeht und alle Menschen – unabhängig von der Zugehörigkeit zu irgendeiner Religion – umfasst. Wo er gebraucht wird, findet sich stets auch die Vorstellung von der »Einen Welt«, von der »Bruderschaft aller Menschen« oder der »Menschheitsfamilie« im Hintergrund.

So trägt die Zeitschrift des ÖRK den kennzeichnenden Titel »One World« (»Eine Welt«). In ihr wird als ein Ziel des ÖRK definiert, »die die Menschen trennenden Schranken niederzureißen und das Zusammenleben der menschlichen Familie in Gerechtigkeit und Frieden zu fördern.« Kardinal Roger Etchegaray von der vatikanischen Kommission »Justitia et Pax« (»Gerechtigkeit und Frieden«) vertrat in seinem Plenarreferat bei der EÖV die »Schau der Einheit, wie sie in der Menschenfamilie existiert«, und in der nicht nur der Christ, sondern »jeder Mensch … mein Bruder« ist.

Fragt man nach dem weltanschaulichen Kontext solcher Begriffe und der hinter ihnen stehenden Denkstrukturen, dann stößt man sehr schnell auf die Parallelen in der Freimaurerei und in der Theosophie. Es ist ein seit langem erklärtes Ziel der freimaurerischen Doktrin ... eine »Weltbruderschaft« zu errichten, in der alle Unterschiede zwischen Menschen – vor allem religiöser Art – beseitigt sind und es keinen Absolutheitsanspruch irgendeiner Religion auf »Wahrheit« mehr gibt. Laut Auskunft des »Internationalen Freimaurerlexikons« gehört es zu den Grundgesetzen der Freimaurer, sich »bloß zu der Religion zu verpflichten, in welcher alle Menschen übereinstimmen und jedem seine besondere Meinung zu lassen«. Der Satz von der »Religion ... in der alle Menschen übereinstimmen ... ist das Fundament der Freimaurerei geworden«.[53a] Adam Weishaupt, der Gründer der Geheimgesellschaft der »Illuminaten«, sagte voraus, Fürsten und Nationen würden ohne Gewalttat von der Erde verschwinden; das Menschengeschlecht werde eine einzige Familie und die Welt die Wohnung der Vernunft folgender Menschen werden.

Mutig und treffend stellt hierzu der katholische Priester Manfred Adler fest –

> dass der Progressismus, der die katholische Kirche seit dem II. Vatikanischen Konzil tiefgründig überflutet, ein Ergebnis des philosophischen Einflusses der Freimaurerei auf die Kirche ist. Zwischen der Maurerei und dem Progressismus besteht enge verwandtschaftliche Beziehung hinsichtlich der geistigen Konzeption ... Tatsächlich ist es der geheime und offene Traum der maurerischen Weltpolitik, eine universale Weltregierung in einem universalen Welt-Einheits-Staat zu errichten. Nicht zuletzt um dieses Endziels willen waren einflussreiche kosmopolitische Maurerbrüder maßgeblich an der Gründung der »Organisation der Vereinten Nationen« (United Nations Organization = UNO) beteiligt, die ihr »Hauptquartier« in New York haben und 1945 an Stelle des Völkerbundes traten, der sich 1920 in Genf konstituiert hatte.[53b]

Jesus Christus aber hat nicht gesagt: »Ich bin *ein* Weg, *eine* Wahrheit und *ein* Lebensbringer unter vielen«, sondern er hat gesagt: »Ich bin *der* Weg, *die* Wahrheit und *das* Leben; niemand kommt zum Vater außer durch mich« (Joh 14,6). Und wie Jesus als das vom Vater offenbarte und fleischgewordene »Wort« (Joh 1,14) die »Wahrheit« ist, so ist auch das von Gott inspirierte und von seinen Boten niedergeschriebene Wort »die Wahrheit« (Joh 17,17).

Viele weitere Stellen bestätigen diesen Absolutheitsanspruch Jesu Christi und – schon im Alten Testament – des dreieinigen Gottes (2Mo 20,2f; 5Mo 6,4f; Joh 17,3; 1Kor 3,11 u.a.). Wer den Absolutheitsanspruch Jesu Christi angreift, greift den christlichen Glauben überhaupt an und stellt sich letztlich außerhalb des Heils, weil es nach biblischer Aussage keinen anderen Weg zum Heil als den Glauben an Jesus Christus gibt: »Und es ist in keinem anderen das Heil; denn auch kein anderer Name unter dem Himmel ist den Menschen gegeben, in dem wir gerettet werden müssen« (Apg 4,12).

An die Stelle der allein in Jesus Christus offenbarten Wahrheit tritt im »konziliaren Prozess« und in der »Charta Oecumenica« ein »globaler Konsens«, verkörpert durch eine »universale Moral«, die als Bindeglied zwischen den Völkern und Religionen fungiert.

Der »konziliare Prozess« und die Charta Oecumenica erstreben »Frieden in Gerechtigkeit« durch Welteinheit:

- politisch: durch das Zusammenrücken der Machtblöcke und Ideologien im »europäischen Haus« und weltweit; durch internationale Ordnungen, Institutionen und Kontrollmechanismen;
- wirtschaftlich: durch ein neues Weltwirtschaftssystem;
- religiös: durch Dialog und Zusammenarbeit mit Angehörigen aller Religionen.

Dieses Erstreben der Welteinheit hat jedoch mehrere Verluste zur Folge:

- den Verlust der Freiheit der einzelnen Völker, die ihre Souveränität an immer höhere politische Komplexe abgeben müssen;
- den Verlust der Freiheit des einzelnen Menschen, der im Fall einer nicht-systemkonformen Einstellung bei einem Zusammenrücken der Welt immer weniger Ausweich- und Fluchtmöglichkeiten (etwa in »neutrale Staaten«) findet;
- den Verlust der Wahrheit des christlichen Glaubens, die in einen »universalen ethischen Konsens« integriert und damit letztlich beseitigt werden soll.

Dem Welteinheitssystem werden dieselben Wirkungen zugeschrieben, die in der Bibel für das messianische Friedensreich Jesu Christi verheißen sind. Der »konziliare Prozess« soll denn auch evolutionär Schritt für Schritt dorthin führen. Dabei jedoch wird übersehen,

- dass die Welt nicht evolutionär in den »neuen Himmel und die neue Erde« mündet, sondern dass sie wegen der wachsenden Sünde und Unbußfertigkeit der Menschheit vergehen muss, bevor Gott – allein mit der Schar derer, die ihm die Treue gehalten haben – seine neue Welt schafft (vgl. Mt 24,4ff; 1Kor 7,31; 2Petr 3,10; Offb 6ff u.a.);
- dass auch das bei der EÖV formulierte »Sündenbekenntnis« dieses Gericht Gottes nicht aufhält, sondern eher noch beschleunigt, weil hier die größte Sünde, der Götzendienst in anderen Religionen und in menschenverherrlichenden, atheistischen Ideologien (etwa dem Marxismus), durch deren Anerkennung als gleichberechtigte Dialogpartner toleriert und forciert wird (vgl. 2Mo 20,2f; 2Kö 17,35f; Jes 44; Jer 16,19-22; 1Kor 10,20f; 2Kor 6,14-17 u.a.);
- dass Jesus erst wiederkommt, nachdem der Antichrist erschienen ist, der sein trügerisches und zeitlich eng begrenztes Weltfriedensreich aus den Kräften satanischer Inspiration und einer vereinigten Menschheit heraus errichten wird (vgl. 1Thes 5,2f; 2Thes 2,1-12; Offb 13 und 17f).

Überblicken wir das bisher Gesagte, so sehen wir, dass der »konziliare Prozess« sämtliche Kennzeichen einer falschen Einheit an sich trägt, die – sobald sie erreicht ist – im Antichristen ihre Spitze finden wird. Diese Einheitsideologie weist erschreckende Parallelen zum religionsvermischenden Gedankengut freimaurerischer und theosophischer Systeme auf.

Kapitel 3

Marias Rolle in der Ökumene *(EB und HWD)*

Einer der bedeutenden Unterschiede zwischen katholischen und orthodoxen Kirchen einerseits und protestantischen andererseits ist die Verehrung Marias, die in den ersteren praktiziert, von letzteren aber abgelehnt wird. Ist die katholische Auffassung von Maria ein Hindernis für die Ökumene? Oder spielt »Maria« vielleicht sogar eine Schlüsselrolle im Ökumeneprozess?

Marienverehrung: Von Babylon nach Rom (HWD)

Im Neuen Testament lassen sich keinerlei Anfänge einer Marienverehrung finden und auch die Schriften der frühesten christlichen Lehrer nach dem Tod der Apostel, der sogenannten Apostolischen Väter, enthalten so gut wie keine Aussagen über Maria.[54] Die Legendenbildung um Maria geht dagegen hauptsächlich auf das apokryphe »Protevangelium des Jakobus« zurück – eine Fälschung aus der Mitte des 2. Jahrhunderts –, das die Namen der Eltern Marias mit Anna und Joachim angibt und von ihrer »Jungfräulichkeit während der Geburt« spricht. Über Tod oder Grab Marias war in der Frühzeit der Christenheit nichts bekannt, wie ein antiker Schreiber es beklagt[55] – geschweige denn über eine etwaige Himmelfahrt von ihr. Die heute unter Katholiken übliche Vorstellung, Maria habe zuletzt in Ephesus gelebt und sei dort verschieden, entspringt in erster Linie den Visionen von zwei Frauen aus dem 19. Jahrhundert (!), Rosalie Put und Anna Katharina Emmerick.[56]

Im 3. und vor allem 4. Jahrhundert beginnt in den verfolgungsfreien Zeiten in der Kirche allmählich eine gewisse Verehrung der Märtyrer und auch Marias aufzukeimen, insbesondere in der esoterisch beeinflussten Ostkirche. Origenes, ein früher, aber äußerst umstrittener Theologe, hatte Maria in einer seiner Schriften als *theotokos*, Gottesgebärerin, bezeichnet, was von einigen Christen enthusiastisch aufgegriffen wurde. Doch ansonsten sind Aussagen über Maria in den theologischen Schriften dieser Zeit immer noch äußerst dürftig. Auch gegen Ende des 4., Anfang des 5. Jahrhunderts gab es noch keine Marienfeste, offiziell keine an Maria gerichteten Gebete oder Lieder und keine Dogmen über ihre angeblich erhabene Stellung.

Aber nach der letzten Beendigung der Christenverfolgung (313 n. Chr.) und der Erhebung des Christentums zur römischen Staatsreligion (391 n. Chr.) hatte sich unter der breiten Masse der wachsenden Kirche ein starker Wunsch nach der Verehrung Marias breit gemacht, da die zum Christentum konvertierten Heiden gewohnt waren, weiblichen Göttergestalten zu huldigen. Einige frühe Theologen, wie z. B. Ambrosius, Hieronymus und Augustinus widmeten sich ihr ausführlicher und beschreiben sie als »immerwährende Jungfrau«. Allerdings üben sie noch eine gewisse Zurückhaltung in der Bezeichnung Marias als »Gottesmutter«, weil sie sich um die Gefahr der Verwechslung oder Gleichsetzung Marias mit der Magna Mater, der Großen Muttergöttin der verschiedenen Heidenkulte bewusst sind. Denn, so schreibt ein bekannter Kirchenhistoriker, »mit der Marienverehrung drang ein Ersatz für die überwundene Verehrung der antiken Muttergottheiten in das Christentum ein«.[57] Hierin liegt der eigentliche Schlüssel zur Geschichte der Marienverehrung und so müssen wir im Zeitlauf noch einmal einige Jahrhunderte zurückgehen.

Wenn wir nämlich zu den tatsächlichen Ursprüngen der Marienverehrung gelangen möchten, müssen wir uns weiter als bis zur Lebenszeit Marias zurück begeben – in alttestamentliche Zeit. Im Buch des Propheten Jeremia brandmarkt Gott den Kult um die »Königin des Himmels« (Jer 7,18; 44,17), dem das Volk Israel verfallen war. Bei dieser Himmelskönigin handelte es sich um die babylonische Muttergottheit Ischtar, die von anderen Völkern auch unter dem Namen Astarte oder Aschtarot verehrt wurde. Das Volk Israel hatte sich bis dahin im Lauf seiner Geschichte schon mehrfach diesem Götzendienst zugewandt (z. B. Ri 2,13; 1Sam 7,4) und sogar der König Salomo hatte sich dazu hinreißen lassen (1Kö 11,5).

Die kultische Verehrung von Muttergottheiten findet sich in allen antiken Kulturen der Welt; zum Teil in Form vieler verschiedener Göttinnen, wie bei den Griechen z. B. Artemis, Demeter und Aphrodite, denen in der römischen Mythologie wiederum Diana, Ceres und Venus entsprechen. Diese Göttinnen-Verehrung geht auf einen gemeinsamen Ursprung in Babylonien zurück, auf den besagten Kult um die »Große Mutter« Ischtar. Historiker sehen die Wurzeln dieses Kults in der Verehrung von Semiramis, der Gattin Nimrods, des allerersten Königs der Erde (1Mo 10,8-10), der als gewalttätiger Herrscher Babels ein erster Vorschatten des falschen Erlösers – des Antichrists – ist.

Von Babel bzw. Babylon aus machte sich der Kult der Muttergöttin auf die Reise um die Welt, bald unter verschiedenen Namen aufgeteilt in einzelne Gestalten und Verkörperungen ihrer vielen Eigenschaften, bald wieder vereint in einer Person, die alle Einzelattribute in sich aufsog. Die Zusammenhänge zwischen den vielen mütterlichen Göttergestalten der antiken Kulturen sind viel zu komplex, als dass wir sie hier auch nur annähernd vollständig darstellen könnten;[58] auf der Hand liegt jedoch, dass von Epoche zu Epoche und von Kulturraum zu Kulturraum zwar Klang und Anzahl der Namen wechselte, aber Mythos, Wesenszüge und Art der Verehrung beibehalten wurden und in manchen Muttergöttinnen-Gestalten wieder zu dem einen alten Kult um die Magna Mater, die Große Mutter, verschmolzen.

Zu den besonders beliebten Verkörperungen einer solchen Muttergottheit gehörte die ägyptisch-griechische Göttin Isis, die mit ihrem göttlichen Sohn Horus auf dem Arm geradezu wie eine Madonna bildlich dargestellt wurde, sowie die griechische Göttin Artemis, Jungfrau und Mutter zugleich, mit deren Verehrung durch die Epheser der Apostel Paulus in Konflikt geriet: Einige heidnische Handwerker machten Paulus den Vorwurf, ihr Geschäft mit der Herstellung von Götzenbildern zu ruinieren, weil er den Ephesern klar machte, »dass das keine Götter seien, die mit Händen gemacht werden« (Apg 19,26). So zettelten sie einen ganzen Volksaufstand an. Mit lautem Rufen des ephesischen Wahlspruchs: »Groß ist die Artemis der Epheser!«, brachte sich die ganze Stadt stundenlang in Rage (Apg 19,34).

Ephesus war schließlich mit dem dortigen riesigen Artemis-Tempel ein viel besuchter Wallfahrtsort und ein Zentrum des Kults um diese Göttin, deren »herrliche Größe« – so die Gegner des Paulus – »ganz Asien und der ganze Erdkreis [griechisch ›Ökumene‹] verehrt« (Apg 19,27) und im dortigen Tempel wurde ein »vom Himmel gefallenes Bild« verwahrt (Vers 35). So hatten die Epheser eindrücklich gezeigt, dass sie sich von ihrer geliebten Muttergöttin nicht so leicht abbringen lassen. Das sollte auch mit der Erhebung des Christentums zur Staatsreligion im Jahre 391 n. Chr.

und dem darauf folgenden Verbot der heidnischen Opfer und der Schließung der Tempel so bleiben.

Im Jahr 431 fand nämlich gerade in dieser Stadt Ephesus das bedeutendste kirchengeschichtliche Ereignis in Bezug auf die Marienverehrung statt: das vom römischen Kaiser Theodosius II. einberufene »Dritte Ökumenische Konzil«, das als »Konzil zu Ephesus« in die Geschichtsbücher einging. Hier nun wurde Maria der Titel »Gottesgebärerin«, griechisch *theotokos*, offiziell verliehen, was sie praktisch zur »Muttergottes« erhob. Ursächlicher Hintergrund dieses Konzils war eigentlich ein halb theologischer, halb politischer Streit um die Definition der göttlichen bzw. menschlichen Natur Christi. Auf dem Spiel stand dabei letztlich die Einheit des Römischen Reiches. Sie konnte nur mittels der Vereinheitlichung der Glaubensdoktrin bewahrt bleiben; denn dieses Reich war keine Nation, sondern eine Kulturgemeinschaft. Die Diskussion um das Wesen Christi wurde dabei vorgeschoben, um Maria zu höheren Ehren erheben zu können. Das war taktisch gesehen ein äußerst kluger Schritt, denn dadurch wurden viele christianisierte Heiden in der Kirche bei Laune gehalten, weil sie nun auch dort ihre geliebte Anrufung der Muttergöttin beibehalten konnten. Die *Propyläen Weltgeschichte* dokumentiert:

> Mehr und mehr hatten die christlichen Massen, aber auch Gebildete aus den hellenistischen Religionen nach einer Göttin verlangt und es lag durchaus nahe, dass man die am weitesten in der Welt verbreitete »Gottesmutter Isis«, die vielgeliebte hellenistische Erlösergöttin, aber auch andere, ihr angenäherte Göttinnen nicht preiszugeben gewillt war. Man brauchte ja auch nur mit Hilfe alexandrinischer Interpretationen Isis in Maria umzubenennen ... Dann aber konnte man mit einer leichten Namensänderung sogar eine ganze Reihe von Isisgebeten wörtlich übernehmen. All die Mittelpunkte der Isisverehrung, zu denen ja auch Rom gehörte, und Verehrungsstätten der Isis angeglichenen Göttinnen wie der Artemis von Ephesus haben den Boden dafür bereitet, dass die Metamorphose der Gottesmutter Isis in die Gottesmutter Maria nahezu reibungslos gelang ... Der in Antiochia geschulte Bischof von Konstantinopel, Nestorius, sprach es 428 klar und nüchtern in seinen Predigten aus: die »Gottesmutter Maria« sei nichts anderes als eine heidnische

Muttergöttin ... Wieder war ein Reichskonzil nötig; da es aber in dem marienfreundlichen Ephesus stattfand (431), war es von vornherein zum Scheitern verurteilt.[59]

Die Umstände des Konzils verdeutlichen diesen unbestreitbaren Zusammenhang: Abgesehen von den nicht gerade christlichen Intrigen und Ränkespielen der Kirchenführer unter sich setzten auch die Einwohner von Ephesus die Konzilsteilnehmer mit lauten Demonstrationen auf den Straßen von Ephesus unter Druck. Als das Ergebnis verkündet wurde, dass Maria nun offiziell kirchlich der Titel Gottesgebärerin verliehen sei, brach die Stadtbevölkerung in wilde Begeisterung aus und jubelte »Gelobt sei die Theotokos!« Das klang wie ein Echo auf das zuvor dort erklungene »Groß ist die Artemis der Epheser!«, mit dem die Stadtbewohner einst die Ehre ihrer jungfräulichen Muttergöttin bekräftigen wollten. Die Bischöfe des Konzils wurden indes bei Fackelschein und mit Blumenkränzen behängt in ihre Wohnungen zurückgeleitet.

Dieser Konzilsbeschluss hatte radikal umwälzende Folgen. Die Kultur dieser Zeit war ohnehin von einem starken Synkretismus – von Religionsvermischung – geprägt und da die Menschen bereits daran gewöhnt waren, die Große Mutter unter verschiedenen Namen anzurufen – Ischtar, Isis, Kybele, Artemis usw. – war es nun ein Leichtes, sie wiederum unter neuem Namen zu verehren. So geschah es, dass christianisierte Heiden, die nie eine wirkliche Bekehrung und Wiedergeburt erlebt hatten und sich nie von Herzen von den Götzen ab- und Christus zugewandt hatten, ihren alten Kult unter einem christlichen Deckmantel weiterpflegen und sogar an ihre Kinder weitergeben konnten.

Auch in der äußeren Präsentation des Christentums zeigte das Konzil von Ephesus fortan seine Auswirkungen: Auf den prachtvollen Mosaiken am Triumphbogen in Rom erscheint Maria nun als Königin des Himmels zum ersten Mal in gleicher Größe und gleichem Rang wie Vater, Sohn und Heiliger Geist. Dort in Rom wird dann auch bald auf Anweisung des Kaisers der berühmte Prototyp der Marienkirchen, die Basilika Santa Maria Maggiore erbaut. In den bildlichen Darstellungen erscheint Maria geradezu als Kopie der heidnischen Muttergöttinnen, mit dem Sternenmantel der Aphrodite, Urania und Isis, mit der Taube der Ischtar oder dem Mond der Artemis. Bilder der Krönung Marias zur Himmelskönigin weisen eindeutige Parallelen auf zur Erhebung Ischtars zur »Königin über die Götter der Babylonier«. Bei einigen antiken Mutter-Kind-Plastiken fällt es den Archäologen heute schwer zu bestimmen, ob es sich um »Maria und Jesus«, Isis und Horus oder Kybele und Attis handeln soll. Tatsächlich sollen etliche Götzenstandbilder einfach in die christliche »Muttergottes« umbenannt und in gleicher Weise weiter verehrt worden sein. Eine katholische Autorin, selbst Marienverehrerin, schreibt:

> Mancherorts sind im Christentum Maria-Kapellen gebaut worden, wo in alter Zeit ein Heiligtum der Göttin war. Ihre Stimme spricht leiser, aber dennoch vernehmlich. Die Konturen der beiden Gestalten flossen unmerklich ineinander, manchmal veränderte sich nur der Name. Auch heute flehen an allen diesen Orten Menschen um Hilfe und Beistand in den gleichen Anliegen wie eh und je, seitdem es Menschen gibt – und wissen nicht, dass sie damit auch die Große Göttin noch einmal anrufen.[60]

So fand also die alte babylonische Mutter-Kind-Verehrung Eingang ins katholische Christentum und entwickelte sich dort zu einem Hauptmerkmal der römischen Kirche. Der Kult um die Gottesmutter nahm immer größere Ausmaße an: Im 5. und 6. Jahrhundert kommen phantasievolle Bibelauslegungen auf, die hinter unzähligen Gestalten und Symbolen der Bibel versteckte Hinweise auf Maria sehen; in dieser Zeit wird auch die Frau aus Offenbarung 12 zum ersten Mal als Maria gedeutet.[61] Und Maria wird von da an immer häufiger als *domina*, als »Herrin« bezeichnet und angerufen. Die ersten Marienfeste etablierten sich im 7. Jahrhundert, z.B. der 15. August als »Mariä Himmelfahrt«, obwohl die Lehre ihrer Aufnahme in den Himmel zu dieser Zeit noch sehr umstritten ist. Der Glaube an die Himmelfahrt Marias gründet sich hauptsächlich auf eine apokryphe Erzählung, die erst im 5. Jahrhundert entstand.[62] Doch mit zunehmender Akzeptanz dieser Sonderlehre erfährt auch die Anrufung Marias als »Fürsprecherin« einen erheblichen Auftrieb.

Mit der Scholastik des Mittelalters findet die Marientheologie schließlich ihren Höhepunkt. Etwa im 12. Jahrhundert wird die Lehre und das Fest der »unbefleckten Empfängnis Mariä« eingeführt, obwohl die wichtigsten Theologen jener Zeit wie Anselm von Canterbury, Bernhard von Clairveaux und Thomas von Aquin diese Lehre unter Berufung auf die Bibel und den Kirchenvater Augustinus ausdrücklich ablehnten. Dagegen findet die Anrufung Marias als Fürsprecherin und Helferin nicht nur unter Theologen, sondern auch im Volk immer begeisterteren Zuspruch. Der Lobpreis Marias steigert sich in poetischen Formen bis ins Ekstatische. Man vertritt allgemein die Vorstellung, dass die Anrufung Marias in jedem Falle eher Erhörung fände als die Anrufung Jesu. Dazu setzte sich in der Volksmeinung, aber auch unter vielen Theologen, die nochmals gesteigerte Auffassung durch, dass Maria Herrin und Gebieterin sei, nicht allein auf Erden, sondern auch im Himmel, und Jesus ihr Gehorsam schulde.[63]

Das wichtigste Mariengebet, das »Ave Maria« ist im ersten Teil (aus Lukas 1,28-33 abgeleitet) seit etwa dem 7. Jahrhundert bekannt und seit dem 11. Jahrhundert verbreitet. Die vollständige Form mit dem höchst unbiblischen zweiten Teil (»Maria, bitte für uns Sünder« etc.) kam erst wesentlich später auf, wahrscheinlich im 15. Jahrhundert. Das Rosenkranzgebet erhielt seine heutige Form erst zwischen dem 13. und 16. Jahrhundert.

Zur Zeit der Reformation drehte sich das kirchliche Interesse mehr um andere Themen und die folgenden Epochen des Rationalismus und der Aufklärung ließen die Marienverehrung von Seiten der kirchlichen Obrigkeit etwas abkühlen, während das Volk diesen Kult unbeeindruckt weiterpflegte.

Doch als zu Beginn des 19. Jahrhunderts als Gegenreaktion auf die vorangegangene intellektuelle Nüchternheit das Zeitalter der Romantik anbrach, brachte diese neue Atmosphäre auch der marianischen Lehre und Andacht wieder neuen Aufschwung. Tatsächlich sollten die folgenden beiden Jahrhunderte in noch nie da gewesenem Maße zu marianischen Jahrhunderten werden. Dazu gehören nicht zuletzt die für diese Zeit kennzeichnenden und sich häufenden »Marienerscheinungen« (1830 Paris, 1848 La Salette, 1858 Lourdes, 1917 Fatima etc.). Die katholischen Autoren Hierzenberger und Nedomansky zählen allein 105 Erscheinungen im 19. und 430 im 20. Jahrhundert auf. In den letzten zwei Jahrhundert machte der Papst von seiner Unfehlbarkeit zweimal Gebrauch von seiner Unfehlbarkeit – beide Male allein zur Definition neuer marianischer Dogmen: 1854 die »unbefleckte Empfängnis Mariens« und 1950 die »leibliche Aufnahme Marias in den Himmel«.

Ein drittes Dogma, das Maria zur »Miterlöserin« erheben soll, steht noch aus (siehe Seite 51f).

In neuerer Zeit ist Maria noch zu besonderen Ehren im Zusammenhang mit dem vereinten Europa gekommen: Die Europaflagge, die zwölf Sterne auf blauem Grund, geht auf eine Marienstatue zurück.[64] Nachdem erste Entwürfe mit einem Kreuz als zu ideologisch-christlich abgelehnt worden waren, setzte sich die Idee von Paul Levi durch, dem vom Judentum zum Katholizismus konvertierten Leiter der Kulturabteilung des Europarates. Levi war inspiriert worden, als er bei Sonnenschein bei einer Marienstatue verweilte, deren goldene Sternenkrone majestätisch vor dem stahlblauen Himmelshintergrund funkelten. So errang die katholische Muttergottes eine enorme Symbolbedeutung für das vereinte Europa.

Da die katholische Kirche die Frau aus Offenbarung 12,1 (»auf ihrem Haupt einen Kranz von zwölf Sternen«) als Maria deutet, werden Marienfiguren oft mit einer solchen Sternenkrone dargestellt. Auf dem im Vorwort erwähnten »Spiegel«-Titelbild ist es übrigens die »Europa«, deren Haupt von dem Sternenkranz geziert ist.

Die Maria der katholischen Kirche – ein Phantom? (EB)

In 2. Korinther 11,14 macht Paulus die bemerkenswerte Aussage: »Der Satan selbst nimmt die Gestalt eines Engels des Lichts an.« Wenn man von den vielen Marienerscheinungen in Lourdes, Fatima, La Salette und Hunderten von anderen Orten liest, ist die Erscheinung der angeblichen Maria meistens mit Lichteffekten verbunden. Einige Beispiele:

Am 13. Mai 1917 erschien im portugiesischen Fatima »Maria« in schneeweißer Gestalt. Aus ihren Händen strömten geheimnisvolle Lichtstrahlen auf die Seherkinder. Am 13. Juni erschien dasselbe Phantom, aus dessen geöffneten Händen Licht auf die Kinder strahlte. In La Salette (Frankreich, 1846) sahen die Kinder einen strahlenden Lichtkranz wie eine Sonne. Darin saß auf einem Stein eine Frauengestalt. In Amsterdam 1945 erschien »Maria«; aus ihren Händen gingen Strahlen hervor, die sie »Strahlen der Gnade, der Erlösung und des Friedens« nennt.[65]

Wer steckt hinter diesem Phantom? Zweifellos gab uns Paulus in der besagten Schriftstelle aus dem Korintherbrief einen deutlichen Hinweis.[66] Angesichts dieser Hintergründe bekommt die Erklärung des Papstes in seiner Enzyklika über die Eucharistie einen besonderen Akzent:

> Maria ist mit der Kirche und als Mutter der Kirche in jeder unserer Eucharistiefeiern präsent. Wenn Kirche und Eucharistie ein untrennbares Wortpaar sind, so muss man dies gleichfalls von Maria und der Eucharistie sagen.[67]

Hier lässt die Erwähnung »Marias« in Anbetracht der obigen Lichtschilderung aufhorchen und nach der Identität Marias fragen. Wenn die Eucharistie Ausdruck der Einheit ist, die sich den Geist Marias zu Eigen macht,[68] dann stellt sich für Christen die Frage: Wer ist dieses Phantom, das in unterschiedlichsten Gestalten an verschiedenen Orten erschien und sich als die Mutter Jesu verstanden wissen will?

Wie wir oben gesehen haben, begann im Mittelalter eine geradezu abgöttische Verehrung Marias. Marienfeste, Bau von Marienkirchen, Marienprozessionen, Gründung von Marienorden, unzählige Berichte von Marienwundern bildeten einen ausgesprochenen Götzenkult. In den letzten zwei Jahrhunderten gab es etliche bedeutsame Erscheinungen in Paris (1830), La Salette (1846), Lourdes (1858), Fatima (1917), Amsterdam (1945), Medjugorje (seit 1981) und vielen weiteren Orten.

Im Marienkult besonders wichtige Daten nach dem Zweiten Weltkrieg waren der 1. November 1950, als Papst Pius XII. das Dogma der leiblichen Aufnahme Marias in den Himmel verkündete, und der Katholikentag 1955 in Fulda, als Kardinal Frings von Köln ganz Deutschland dem unbefleckten Herzen Marias weihte.

Das Marienthema bekam 1960 durch Papst Johannes XXIII., der das Sekretariat zur Förderung der Einheit der Christen errichtete, einen weiteren Akzent. Rom setzte sich nun verstärkt für den Ökumenismus ein. Am 11. Oktober 1962 eröffnete der Papst das II. Vatikanische Konzil und stellt es unter den Schutz Marias.[69] Das Konzil erweiterte die Verehrung Marias und nannte sie »Mutter der Kirche«.

Drei Dinge sollten in diesem Zusammenhang besonders beachtet werden:

1. Johannes XIII. war Freimaurer[70], die Freimaurer erstreben Welteinheit durch Religionsvermischung
2. Mit dem II. Vatikanischen Konzil öffnete sich die römische Kirche für den Ökumenismus
3. Maria wurde Schutzherrin des Konzils

Nach dem Tod Johannes' XXIII. stellte Paul VI., ebenfalls Freimaurer[71], nicht nur das Konzil, sondern die gesamte Menschheit unter den Schutz Marias.[72] Auch Papst Johannes Paul II. legte am 8. Dezember 1978 »die Kirche und die Welt in die Hände Mariens«. Am 25. März 1984 weihte er die Welt dem »Unbefleckten Herzen Mariens« und vertraute in seinem apostolischen Schreiben *Tertio millennio adveniente* das ganze Anliegen der Kirche im Jubeljahr 2000 der mütterlichen Fürsorge Mariens an. Bei seiner Generalaudienz am 24. März 2004 erneuerte der Papst seine Weihe der Welt an Maria. Die Weihe sei die »Antwort auf das, was Unsere Liebe Frau in Fatima erbeten hat«. Er betete zu Maria: »Mutter Christi, möge die unendliche Heilskraft der Erlösung noch einmal neu in der Geschichte der Welt offenbar werden: Die Kraft der barmherzigen Liebe! Möge sie das Böse beenden! Möge sie das Bewusstsein verändern! Möge das Licht der Hoffnung für alle in deinem unbefleckten Herz offenbar werden!« Der Papst sprach in diesem Zusammenhang Maria auch einen bedeutenden Anteil am Erlösungswerk zu: Sie habe »die Türen zur Verwirklichung des Heilsplans des himmlischen Vaters geöffnet«, und das Werk von Golgatha sei »im ›fiat‹ [d.h. Ja] der Gottesmutter grundgelegt … Durch ihr Jawort nimmt die Jungfrau aus Nazareth teil am Geheimnis der Erlösung.« »Auf dem Kalvarienberg, in den letzten Momenten seines Lebens, hat uns Jesus Maria als Mutter anvertraut, und ihr hat er uns als Kinder gegeben.« »Weiter vertrauen wir der Fürsprache Mariens bei ihrem göttlichen Sohn.«[73]

Ein Gipfel der Marienverehrung findet sich im II. Vatikanischen Konzilsdokument namens *Lumen Gentium* (der »Dogmatischen Konstitution über die Kirche«). Dort lesen wir unter der Überschrift »Die Aufgabe der seligen Jungfrau in der Heilsökonomie«, dass Maria »als *Königin des Alls vom Herrn erhöht wurde.*«[74]

Eine Königin des Alls oder des Himmels wird in der Bibel jedoch nur einmal erwähnt, und zwar die Himmelskönigin der Babylonier (Jer 7,18; 44,17). Das Volk Israel verehrte diese Göttin, brachte damit aber Gottes Zorn über sich und ging in die babylonische Gefangenschaft. Gott denkt auch heute noch genau so über die Verehrung einer Himmelskönigin.

In Anbetracht dieser Darlegungen drängt sich erneut die Frage auf: Wer ist diese Maria? Wer manifestiert sich in den Marienerscheinungen, die nach Meinung Roms den Ökumenismus positiv beeinflussen? Die Katholikin Eva-Maria Slade schreibt hierzu:

> Die ökumenischen Bestrebungen sind nichts anderes als ein Versuch der Maria, nach der katholischen auch die evangelische Kirche zu übernehmen. Sie könnte Erfolg haben. Fest steht allerdings schon jetzt: Die »Stunde der Ökumene« ist auch gleichzeitig *die Stunde des Dämons, der sich Maria nennt*, denn sie hat prophezeit, dass sie der Hirte ist, der die Herde einigen wird.[75]

Hier stellt sich die Frage: Wollen sich Christen dem Geist des Marienphantoms unterstellen und sich von der römischen Kirche mit ihrem babylonischen Mystizismus und Marianismus vereinnahmen lassen? Die volle Einheit mit der römisch-katholischen Kirche wird nur über eine Bekehrung zum Katholizismus und eine gemeinsame Eucharistiefeier realisiert, die unter dem Geist »Mariens« steht.

Was für ein Geist und Charakter steht aber hinter dem Marienphantom? Ein katholisches Marienerscheinungs-Kompendium nennt z. B. folgende Äußerungen der Erscheinungen, die unmissverständlich Auskunft geben:

> »Wenn man tut, was ich euch sage, werden viele gerettet werden.«
>
> »Ja, ich bin die große Gnadenvermittlerin.«
>
> »Ich bin die Mittlerin zwischen euch und Gott.«
>
> »Nur durch Maria, die Mittlerin aller Gnaden, kann die Menschheit, die sich bekehrt, gerettet werden.«
>
> »Die Gnaden der Errettung sind bereits alle von meinem Sohn verdient worden, und ich habe als Miterlöserin mit ihm zusammen ebenso für eure Rettung gelitten.«
>
> »Der himmlische Vater übergab mir die ganze Welt.«[76]

Diese Aussagen haben einen gebietenden und fordernden Charakter. Sie zeugen wahrlich nicht von dem unterwürfigen Geist der wahren Mutter Jesu. Trotzdem erklären die Päpste das Phantom als Manifestation Marias. Ein gutes Beispiel, wie sie die Marienerscheinungen legitimieren, ist das Gebet von Papst Pius XII. am 31. Oktober 1942 aus Anlass der 25. Jahrfeier der Erscheinungen von Fatima. Sein Weihegebet endete mit den Worten:

> Flehendlich werfen wir uns vor deinem Thron nieder ... dir und deinem unbefleckten Herzen vertrauen wir uns an ... So weihen wir uns auf ewig dir, deinem unbefleckten Herzen, o Mutter und Königin der Welt.[77]

Otto Markmann kommentiert dies:

> Die Marienerscheinungen haben keine biblische Grundlage. Wir zweifeln nicht an der Wirklichkeit dieser Erscheinungen, sind aber überzeugt davon, dass es sich um Erscheinungen »von unten« handelt, um satanische Nachäffungen, um eine Irreführung von Menschen.[78]

Der von freimaurerischem Gedankengut geprägte Papst Paul VI. äußerte zum Thema »Maria als das größte Symbol des Humanismus« folgende bemerkenswerte Aussage:

> Die Inkarnation ist nicht nur der Gott, der unendlich herabsteigt, um Mensch zu werden, sie ist auch der Mensch, der unermesslich aufsteigt und der Gipfel dieses Aufstiegs ist die heiligste Maria ... Man kann vielleicht aus diesem Motiv heraus verstehen ... warum gerade heute der Humanismus das Bewusstsein aller beschäftigt; und wer nach seinem echten und höchsten Ausdruck sucht, kann ... *in Maria den Gipfel des höchsten Humanismus entdecken.*[79]

Hier tut sich förmlich ein Abgrund auf: Wenn Papst Paul VI. sagt, Maria habe den Gipfel des höchsten Humanismus erreicht, so versteht er unter Maria, der Mutter Jesu, den Prototyp humanistischen Denkens. Paul VI. wusste als Freimaurer sehr wohl, was er sagte und warum er es sagte. Unter seiner Leitung schrieb das II. Vatikanische Konzil über Humanismus, Humanität und Weltbruderschaft:

> ... wenn wir uns die Einswerdung der Welt [Ökumenismus] ... vor Augen stellen, eine bessere Welt in Wahrheit und Gerechtigkeit. So sind wir Zeugen der Geburt eines neuen Humanismus, in dem der Mensch sich vor allem von der Verantwortung für seine Brüder und die Geschichte her versteht.[80]
>
> ... Darum müssen wir mit vereinten Kräften ... der Menschheitsfamilie dienen ... Wir wenden uns denn auch allen zu, die Gott anerkennen und in ihren Traditionen wertvolle Elemente der Religion und Humanität bewahren ... Da Gott, der Vater, Ursprung und Ziel aller ist, sind wir alle dazu berufen, Brüder zu sein ... Und darum können und müssen wir ... zum Aufbau einer wahrhaft friedlichen Welt zusammenarbeiten ...[81]

Der Katholizismus erstrebt also die *Einswerdung der Welt* durch die Geburt eines *neuen Humanismus* und bedient sich dafür der Konvergenzwirkung des Ökumenismus auf die verschiedenen Religionen. Und genau das entspricht dem freimaurerischen Menschheitsideal einer Weltzivilisation, in der die Menschen in Gerechtigkeit, Liebe und Frieden versöhnt sind trotz unterschiedlicher Religionen.

Kommen wir in diesem Zusammenhang nochmals auf die Aussage Pauls VI. über Maria und ihr Verhältnis zum Humanismus zurück: »... und wer nach seinem echten und höchsten Ausdruck sucht, kann in Maria den Gipfel des höchsten Humanismus entdecken.« Dieser Satz ist ein Versuch, in Maria den freimaurerischen Humanismus, bzw. »Integralen Humanismus« aufzuwerten. Hier erinnern wir uns an die Einsetzung Marias als Schutzherrin über das Konzil, das den Ökumenismus und Humanismus forcierte.

Dass sich im Vatikan genügend Vertreter dieser Weltanschauung befinden, ist hinreichend bekannt. Der Romanautor und einstige Jesuit Malachi Martin schrieb dazu:

> Der Integrale Humanismus durchdrang das gesamte Pontifikat Pauls ... Die Umsetzung der freimaurerischen Lehre, den Integralen Humanismus, kann man in Dokument auf Dokument, das aus dem II. Vatikanum vorging, wiedererkennen.[82]

Zudem wurden die freimaurerischen Thesen an der Gregoriana, der päpstlichen Universität gelehrt. Das Resultat: Im Laufe von einigen Jahrzehnten wurden weit über fünftausend Elitekandidaten für das Priestertum mit der Leidenschaft für den Ökumenismus ausgebildet.[83]

Dass der erwähnte, von Paul VI. eingeführte Humanismus eine zerstörende Wirkung auf die römisch-katholische Kirche hatte, wurde dem Papst am Ende seines Pontifikats im Jahre 1978 bewusst, als er ausrief:

> Der Rauch Satans ist durch einen Spalt in den Tempel Gottes eingedrungen … Es hat sich eine feindliche Macht eingeschaltet, ein fremder Agent, ein geheimnisvolles Wesen, der Teufel.[84]

Mit dem fremden Agenten meinte er den freimaurerischen Humanismus, der die konziliare und nachkonziliare Kirche veränderte.

Derselbe Geist der Humanisierung und Erhebung zum Göttlichen findet sich in der Enzyklika »Die Mutter des Erlösers« von Johannes Paul II. Darin bestätigt er u.a. Maria als »Königin des Alls«,[85] wie es bereits von Papst Pius XII. und später dem II. Vatikanischen Konzil gelehrt wurde. In dieser Enzyklika lehrt er auch die Bedeutung »Marias« für den Ökumeneprozess: »Durch ihre Mittlerschaft … trägt Maria in besonderer Weise zur Verbundenheit der pilgernden Kirche … bei.« Und nachdem er die Marienverehrung in katholischer und orthodoxer Tradition aufgezeigt hat: »Ein solcher Reichtum an Lobpreis … könnte uns dazu verhelfen, dass diese [Kirche] wieder mit zwei Lungen atmet: mit Orient und Okzident … Dies wäre eine echte Hilfe, um den Dialog, der zwischen der katholischen Kirche und den Kirchen und kirchlichen Gemeinschaften des Abendlandes im Gange ist, voranzubringen.« Denn, so die Begründung, Maria ist »das vollkommenste Bild der Freiheit und der Befreiung der Menschheit und des Kosmos.«[86]

Wer also ist die »Maria« der römischen Kirche? Den Päpsten zufolge ist sie eine Person, die den Gipfel des höchsten Humanismus erreicht, ja, zur »Königin des Alls« erhoben wurde. Wir erinnern uns: Papst Paul VI. selbst hatte am Ende seines Pontifikats den Humanismus als fremden Agenten und Teufel bezeichnet. Und wie kann man seiner Meinung nach den Gipfel dieses Humanismus erreichen? In Maria. Danach sind Maria, der Humanismus und der fremde Agent identisch. Damit hat der Papst die Frage nach der Identität der katholischen »Maria« selbst beantwortet.

Das humanistische Streben präzisiert der katholische Prof. Michael Pachtler als absolute Vergötterung des Menschen:

> Weiter kann sich der Mensch von Gott und der Offenbarung nicht mehr entfernen, als es im Humanismus geschieht ... Der Mensch genügt sich selbst, ist sein eigner Herr, sein eigner Lehrer, sein eigner Seligmacher, sein eigenes Ziel und Ende.[87]

Redemptoris mater – Die Mutter des Erlösers (EB)

Papst Johannes Paul II. ist ein glühender Verehrer der »Himmelskönigin Maria«. Wie wir gesehen haben, ist diese Verehrung mit dem babylonischen Kult gleichzusetzen. Mir liegt eine Broschüre vor, auf deren Titelbild der Papst in devoter, gebetsvoller Haltung vor einer gekrönten Marienstatue steht, die er mit der Hand zärtlich berührt. Unverkennbar ein götzendienerischer Akt.[88]

Wie ernst es dem Papst mit der Marienverehrung ist und wie konsequent er ihr eine Vorrangstellung einräumt, zeigt sich an der Gestaltung seines Wappens. Darin findet sich ein in auffälliger Weise aus dem Mittelpunkt nach links versetztes Kreuz zugunsten des großen »M«, das für Maria steht. Damit schuf Johannes Paul II. nicht nur in seinem Wappen mehr Raum zu Gunsten Marias, sondern auch in seinem Herzen, was in seinem an Maria gerichteten Motto unter dem Wappen zum Ausdruck kommt: *Totus tuus – Ganz der Deine.* Wie weit der Papst in der Verehrung Marias geht, zeigt sich in seiner Enzyklika »Redemptoris mater« überdeutlich.

In Position 30 bezeichnet er die römische Marienlehre als ein zu überwindendes Hindernis für die christliche Einheit:

> Die Christen wissen, dass sie ihre Einheit nur dann wahrhaft wiederfinden, wenn sie diese auf die Einheit ihres Glaubens gründen. Sie haben dabei keine geringen Unterschiede in der Lehre vom Geheimnis und vom Dienstamt der Kirche, *sowie manchmal auch von der Aufgabe Marias im Heilswerk zu überwinden.*[89]

Johannes Paul II. gesteht dem Marienphantom eine spezielle Aufgabe im Heilswerk zu und schafft damit für Nichtkatholiken ein nicht geringes Hindernis zu ökumenischer Einheit. Für bibeltreue Christen schwer zu schlucken sind sicherlich Aussagen in der Enzyklika wie:

> Schließlich wurde die unbefleckte Jungfrau … mit Leib und Seele in die himmlische Herrlichkeit aufgenommen und als Königin des Alls erhöht …
>
> [Maria] fährt durch ihre vielfältige Fürbitte fort, uns die Gaben des ewigen Heils zu erwirken …
>
> … in mütterlicher Liebe wirkt sie mit bei der Geburt und Erziehung der Söhne und Töchter der Mutter Kirche.[90]

Woher nimmt der Papst angesichts des Wortes Gottes die Kühnheit zu solchen Behauptungen? Wer hat den Papst zu diesen Aussagen inspiriert? Das geschriebene Wort Gottes auf keinen Fall. Maria wird im Neuen Testament nach Apostelgeschichte 1,14 gar nicht mehr erwähnt.

War das vielleicht der Geist des Marienphantoms? Dieser Geist schwelt offenbar schon lange in der römischen Kirche und hat wohl auch den heiligen Chrysostomus zu seinem eucharistischen Hochgebet veranlasst:

> Wahrhaft recht ist es, dich o Gottesgebärerin, selig zu preisen, die du die seligste und reinste Mutter unseres Gottes bist. Wir lobpreisen dich, die du an Ehre die Cherubim übertriffst, an Herrlichkeit die Seraphim bei weitem überragst.[91]

Wahrlich eine widergöttliche Formel. Maria wird hier mit Herrlichkeit und Ehre geschmückt, die selbst die Seraphim und Cherubim an Gottes Thron überragen. Was ist das für ein Wesen, das »Königin des Alls« sein und »an Herrlichkeit die Seraphim überragen« soll? Wird hier dem Marien-Phantom nicht eine Ehre erwiesen, die allein Gott zusteht? Und genau das wird in der Enzyklika bestätigt:

> Aus diesem Grund wird Maria mit Recht von der Kirche in einem Kult eigener Art geehrt. Schon seit ältesten Zeiten wird … (sie) unter dem Titel der »Gottesgebärerin« verehrt …[92]

In Position 43 der Enzyklika spitzt sich die spezifisch katholische Lehre zu seltsamen Auswüchsen zu:

> Die Kirche wird selbst Mutter ... So wird die Kirche Mutter, wenn sie ... »durch Predigt und Taufe die vom heiligen Geist empfangenen und aus Gott geborenen Kinder *zum neuen und unsterblichen Leben gebiert.*[93]

Maria und die Kirche werden quasi gleichgesetzt als Mutter, Erzieherin und Vormund aller Christen! Und ihrer Mutterschaft und unter ihrem Dach sind also alle untrennbar als Brüder vereint. In seiner Enzyklika zum Anbruch des 3. Jahrtausends verlieh Johannes Paul II. Maria die zentrale Rolle im bevorstehenden Ökumeneprozess und beendete die Enzyklika mit folgenden Worten:

> Dieses Anliegen der ganzen Kirche vertraue ich der mütterlichen Fürsprache Mariens, der Mutter des Erlösers an. Sie ... werde für die Christen auf dem Weg ... der Stern, der mit Sicherheit ihre Schritte auf den Herrn zu lenkt ... [Sie] möge die Menschheit des neuen Jahrtausends zu dem hinlenken, der »das wahre Licht (ist), das jeden Menschen erleuchtet«.[94]

Der Papst geht in seiner Lehre sogar noch weiter und dehnt diese integrierende Mutterschaft Mariens und der Kirche auf alle Menschen aus und bedient sich dazu seiner Irrlehre der Allerlösung (vgl. Kapitel 1):

> Die mütterliche Mittlerschaft der Magd des Herrn hat mit dem Erlösertod ihres Sohnes eine universale Dimension erlangt, weil das Werk der Erlösung alle Menschen umfasst ...
>
> [Die Kirche] verehrt Maria als geistige Mutter der Menschheit und Fürsprecherin der Gnade.[95]

Christen, deren Glaubensmaßstab allein die Bibel ist, können diese nicht nur unbiblischen, sondern widerbiblischen Lehren nicht nachvollziehen. Dementsprechend klärt der Papst in seiner Enzyklika auf:

> Die Kenntnis der wahren katholischen Lehre über die selige

> Jungfrau Maria wird immer einen Schlüssel für das genaue Verständnis des Geheimnisses Christi und der Kirche darstellen.[96]

Darauf möchten wir mit dem Wort Gottes antworten:

> Wir reden aber Weisheit unter den Vollkommenen ... Gottes Weisheit in einem Geheimnis, die verborgene, die Gott vorher bestimmt hat, vor den Zeitaltern zu unserer Herrlichkeit ... Uns aber hat Gott es geoffenbart durch seinen Geist ... damit wir die Dinge kennen, die uns von Gott geschenkt sind (1Kor 2,6.7.10.12)
>
> Ihr habt nicht nötig, dass euch jemand belehre, sondern wie seine Salbung [d.h. Gottes Wort, vgl. Vers 14 und 24] euch über alles belehrt, so ist es auch wahr und keine Lüge. Und wie sie euch belehrt hat, so bleibt in ihm! (1Jo 2,27).

Marias Miterlöserschaft und die Ökumene (HWD)

Maria offiziell zur Miterlöserin zu erklären, ist schon lange ein Thema in der römischen Kirche. Immer wieder haben sowohl das katholische Kirchenvolk als auch verschiedene Päpste Anläufe begonnen, um ein neues Dogma der Miterlöserschaft Marias zu definieren. Nach den zwei neuen Dogmen der »unbefleckten Empfängnis Mariens«(1854) und der »leiblichen Aufnahme Mariens in den Himmel« (1950) soll ein drittes Dogma Maria als »Mittlerin, Fürsprecherin und Miterlöserin« besiegeln. Auch verschiedene »Marienerscheinungen« bezeichneten sich als »Miterlöserin« und drängten auf ein solches Dogma (z.B. Amsterdam 1945). Papst Leo XIII. (1878–1903) formulierte eine Lehre über Maria als Miterlöserin, und das II. Vatikanische Konzil macht ebenfalls vorsichtige Andeutungen in diese Richtung und spricht von Maria als Mittlerin, Fürsprecherin und ihrem Mitwirken an der Erlösung.[97]

Angesichts des jahrhundertelangen Strebens nach einem solchen Dogma und dem Drängen vieler Katholiken darauf, hat ein Vertreter des Vatikan offiziell in einem Interview mit der Nachrichtenagentur Zenit Stellung dazu genommen, ob und wann mit einem solchen neuen Dogma zu rechnen ist. Stefano de Fiores, Mitglied der Internationalen Päpstlichen Marianischen Akademie, sagte:

> Hinsichtlich … der Ökumene wäre es sicher nicht ratsam, derzeit ein neues Dogma zu definieren. Die getrennten orthodoxen und protestantischen Brüder werfen uns ja gerade den Alleingang der letzten beiden Mariendogmen vor. Daher sollten sie bei einem künftigen Dogma unbedingt beteiligt sein. Zuerst müssen wir uns der Einheit oder zumindest einer gewissen Konvergenz untereinander nähern, dann können wir untersuchen, ob es angebracht ist, das Dogma von Maria als Miterlöserin zu verkünden … Diesen Titel Miterlöserin benutzt die Kirche seit Pius XII. [1939–1958] nicht mehr, um keine Missverständnisse mit den Protestanten zu schaffen … Natürlich begreifen sie schon, dass der Weg zu Jesus führt, aber eben über Maria … Sie rettet nicht nur, sondern ermöglicht auch die Rettung.[98]

Das sind klare Worte; jeder bibeltreue Christ weiß damit, welch Irrlehre und Götzendienst Rom in petto hat, um sie nach der großen Übernahme der »gesamtbabylonischen Christenheit« zu indoktrinieren.

Kapitel 4

Braut oder Babylon – wahre oder falsche Einheit? *(LG)*

Welches sind die Unterschiede zwischen wahrer und falscher Einheit? Wahre Einheit umfasst nur diejenigen, die an Jesus Christus glauben, die sein Wort als »die Wahrheit« behalten, die in der Welt, aber nicht von der Welt sind und die daher von der Welt gehasst werden (Joh 17,14). – Falsche Einheit hingegen umfasst die ganze Menschheit, »hurt« mit allen Ideologien und Religionen und verfolgt diejenigen mit Zwang, Terror und schließlich Gewalt, die Jesus Christus als einzigem Herrn, Erlöser und Friedensbringer die Treue halten (Offb 13 und 17f.).

Wahre Einheit kommt durch Missionierung und Evangelisierung aller Völker, durch den klaren Ruf zum rettenden Glauben und zur Lebensübergabe an Jesus Christus zustande (Mt 28,18-20; Joh 17,20f). – Falsche Einheit umgeht diesen Ruf zur Bekehrung, indem sie politische Probleme und Selbsterlösungsversuche einer sich als autonom verstehenden Menschheit in den Vordergrund stellt – einer Menschheit, die »die Liebe zur Wahrheit nicht angenommen hat zu ihrer Rettung« und ihre Zuspitzung im Antichristen findet, der sich selbst »in den Tempel Gottes setzt und vorgibt, er sei Gott« (2Thes 2,4. 10).

Wahre Einheit duldet keine Irrlehre (Gal 1,6-10; 2Jo 9-11; Jud 3f). – Falsche Einheit duldet Irrlehre und fördert sie infolge der Vermischung der Ideologien sogar noch.

In der Praxis besitzt die falsche Einheit eine dreifache Ausrichtung, die zur Diktatur des Antichristen führt:

- *politisch* auf ein Welteinheitsreich hin, in dem alle »einerlei Meinung« haben (Offb 17,13);
- *wirtschaftlich* auf ein einheitliches Weltwirtschaftssystem hin, in dem »niemand kaufen oder verkaufen kann, wenn er nicht das Malzeichen hat, nämlich den Namen des Tieres oder die Zahl seines Namens« (Offb 13,17f);
- *religiös* auf eine Welteinheitsreligion hin, in der »alle, die auf Erden wohnen«, den Drachen (Satan) und das Tier aus dem

Meer (den Antichristen) anbeten – alle, »deren Namen nicht geschrieben sind von Anfang der Welt in dem Lebensbuch des Lammes, das erwürgt ist« (Offb 13,8).«

Zur Person des Antichristen gehört Babylon, das mit 1. Mose 11 (Turmbau zu Babel) zusammenhängt. Babylon ist das System, das mit dem Antichristen kooperiert. Die Hure Babylon ist die vom lebendigen Gott abgefallene, religiöse Welt, die dem Antichristen huldigt. Die Stadt Babylon ist die wirtschaftliche und soziale Welt, in welcher der Handel und der Verkehr gemäß Offenbarung 18 stattfinden. Der Name »Babylon« könnte damit zusammenhängen, dass das Ereignis von Babel (Sprachenverwirrung) wieder aufgehoben wird, indem man die Einheit der Welt auf allen Gebieten erstrebt: durch das politische Welteinheitsreich, durch das wirtschaftliche Einheitssystem und durch die Einheitsreligion, die eben die antichristliche Anbetungsreligion sein wird.

Nun drängt sich die Frage auf: Bestehen Zusammenhänge zwischen der Hure Babylon und Rom?

Die »sieben Hügel« in Offenbarung 17,9 deuten durchaus auf Rom hin. Gerade in der damaligen Zeit, in der die Johannesoffenbarung entstanden ist, hat jeder sicherlich sofort an Rom gedacht, wenn er von den sieben Hügeln hörte. Es waren ja zum Großteil sehr problematische Kaiser, die im 1. Jahrhundert nach Christus herrschten, so dass die Anspielung auf Rom nicht verwunderlich war.

Ferner finden sich verschiedene Kennzeichen, welche auf die römisch-katholische Kirche zutreffen, in deren Lokalisierung und Struktur sich auf eine gewisse Weise das Römische Reich fortsetzt. »Katholisch« bedeutet wörtlich »allumfassend«. Schon durch diese Selbstbezeichnung wird in der Deutung Roms der Anspruch auf Weltherrschaft oder zumindest globale Einflussnahme offen ausgesprochen. Es besteht wirklich ein universaler Anspruch des Papsttums, vor allem die Jurisdiktionsgewalt über alle katholischen Herrscher und im Grunde auch über die anderen Regenten. Der Papst hat als »Vertreter Christi und Petri« die oberste Gewalt der Rechtsprechung auf Erden.

Die römische Kirche benutzt auch heute noch Latein als Sprache. Ihre Würdenträger sind mit wertvollen Stoffen, Scharlach und Purpur, bekleidet, was auch in Offenbarung 17,4 und 18,12.16 erwähnt wird. Die römisch-katholische Kirche ist sehr reich. Der

Papst trug bis zum II. Vatikanischen Konzil öffentlich drei aufeinandergesetzte Kronen, die »Tiara«. Rom besitzt ungeheure Kunstschätze und Reichtümer. Es ist »trunken vom Blut der Heiligen« (Offb 17,6), es hat – etwa anfangs als römische Staatsmacht und später durch die römisch-katholische Inquisition – viele Gläubige verfolgt und getötet. Heute ist Rom – neben dem Ökumenischen Rat der Kirchen in Genf – Vorreiter einer »interreligiösen Ökumene« mit dem Ergebnis einer antichristlichen Vermischung der Religionen und dem Entstehen einer Welteinheitsreligion. Das hat sich etwa bei den sogenannten »Friedensgebetstreffen« der Religionen in Assisi/Italien und an anderen Orten auf Initiative des Papstes auf schockierende Weise gezeigt.

Dennoch ist die Identifikation der Hure Babylon (Offb 17f) mit der römisch-katholischen Kirche m.E. zu eng. Ich stimme Rene Pache zu, der schreibt:

> Die Hure stellt nicht lediglich eine bestimmte Gruppe von Abgefallenen dar, sondern alle falsche Religion auf Erden. Es hat viele falsche Christen bei den Katholiken gegeben, aber ebenso bei den Protestanten, den Orthodoxen und anderswo. Geistlichen Ehebruch begehen alle, die ihr Herz zwischen Gott und der Welt teilen, die bei einem strengen Dogma die Bekehrung ablehnen, die vom Glauben an die Bibel abweichen, indem sie die Gottheit Jesu Christi und die Sühnekraft seines Blutes leugnen, alle, welche Andersgläubige verfolgen ... Die große Hure ist die abgefallene Kirche, die Jesu Eigentum zu sein gelobte und nun mit der Welt Ehebruch treibt.[99]

Das trifft eben nicht nur auf die römisch-katholische Kirche zu, sondern geht leider quer durch alle Konfessionen hindurch.

Was sagt die Heilige Schrift über den Unterschied zwischen Hure Babylon und Brautgemeinde Christi?

- Die Gemeinde ist die Braut. Die Hure ist die von Gott abgefallene Kirche, die nichts mehr mit seiner Wahrheit zu tun hat.
- Die Gemeinde ist Christus untertan. Die Hure aber sitzt auf dem Tier (Offenbarung 17,3).
- Die Gemeinde ist das neue Jerusalem, die Hure das große Babylon.

- Die Gemeinde ist ein Organismus, durch Gottes Geist geprägt und belebt, während Babylon eine Weltorganisation ist, die aufgebaut wird durch Druck, Zwang und falsche Religiosität.
- Während die Gemeinde arm ist, schmückt sich die Hure mit kostbarsten Gewändern.
- Die Gemeinde geht durch irdische Niedrigkeit, Verachtung und Verfolgung hindurch zur himmlischen Herrlichkeit (Mt 10,9 f; 24,9-13; 2Tim 3,12). Die Hure ist auf Geld und Macht aus (Offb 17,4.18; 18,7.9-19); sie ist äußerlich prachtvoll, aber innerlich tot (vergleiche Offb 3,1).
- Die Gemeinde passt sich dem Zeitgeist nicht an, sondern ist Salz und Licht der Welt (Mt 5,13ff; Röm 12,1; 1Jo 2,15-17). Die Hure stellt sich der Welt gleich und vertauscht Gottes Geist mit dem Zeitgeist (Offb 17,2; 18,3).
- Die Gemeinde hält Jesus Christus als dem einzigen Herrn und Erlöser die Treue und lehnt jede Religionsvermischung ab (Joh 14,6; Apg 4,12). Die Hure betreibt »Hurerei«, das heißt: sie setzt heidnische Götzen mit dein Gott der Bibel gleich und vermischt die Religionen und Ideologien (Offb 17,2.5.15; vgl. Hos 1,2; 3,1).
- Die Gemeinde setzt sich zusammen aus Gläubigen in allen Denominationen, die nur Gott wirklich kennt (1Sam 16,7; Joh 17,20-26). Die Hure bringt die wahrhaft Gläubigen zunehmend in Bedrängnis (Offb 17,6).
- Die Gemeinde fällt nicht auf falsche Zeichen und Wunder herein, sondern orientiert sich allein am Wort der Heiligen Schrift (Jer 23,28; 2Tim 3,14-17). Die Hure lenkt durch falsche Zeichen und Wunder von den rettenden Wunden Jesu ab (vergleiche Mt 24,24; 2Thes 2,9; Offb 13,13).
- Die Gemeinde wartet auf Jesu Wiederkunft (Mt 24f.; 2Petr 3,11f); sie bereitet Christus den Weg, indem sie viele in seine Nachfolge ruft (Mt 24,14). Die Hure bereitet dem Antichristen den Weg, der sie zunächst für sein religiöses Gaukelwerk missbraucht, um sie anschließend fallen zu lassen (Offb 17,3.16).

Die Religion Babylons vermischt also sämtliche Ideologien und Religionen miteinander und möchte sie unter Umgehung der Wahrheit Gottes zum antichristlichen Einheitssystem verbinden: Die falsche Einheit nach Offenbarung 17 und 18 ist am Entstehen.

Die wahre Einheit hingegen ist die Einheit nach Johannes 17: die Einheit aller derjenigen – und nur derjenigen! –, die an Jesus Christus als den lebendigen Sohn Gottes glauben, ihn lieben und ihm durch alle antichristlichen Wirren hindurch die Treue halten. Jesus Christus selber beschreibt diese wahre Einheit mit folgenden Worten in seinem Gebet zum Vater: »Ich bitte aber nicht allein für sie (meine Jünger), sondern auch für die, die durch ihr Wort an mich glauben werden, damit sie alle eins seien. Wie du, Vater, in mir bist und ich in dir, so sollen auch sie in uns sein, damit die Welt glaube, dass du mich gesandt hast« (Joh 17,20f).

Heute geht die falsche Einheit mit Riesenschritten voran. Es gibt eine »Globalisierung« in der Politik und Wirtschaft, aber leider genauso in christlichen Kirchen und Gemeinden (auch in evangelikalen Verbänden und Kreisen). Alle Religionen und Konfessionen sollen zusammenrücken um des äußeren und inneren Friedens willen. Einheit und Friede werden über Eindeutigkeit und Wahrheit gestellt. Der Maßstab ist nicht mehr »allein Christus«, »allein der Glaube« und »allein die Heilige Schrift«, sondern eine falsch verstandene Liebe (ohne Wahrheit), eine Selbstverwirklichungsideologie und ein »Evangelium« zum Wohlfühlen. Hier sollten wir äußerst wachsam sein. Besonderen Grund zur Wachsamkeit für evangelikale Christen liefern die Darstellungen in den folgenden beiden Kapiteln.

Kapitel 5

Evangelikale Führer auf dem Weg nach Rom *(LG)*

Persönliche Vorbemerkung: Die folgenden Ausführungen fallen mir nicht leicht. Die Nennung von konkreten Werken, Initiativen und Namen soll nicht bedeuten, dass den beteiligten Personen die gute Absicht oder gar der persönliche Glaube abgesprochen wird. Doch sind meine Ausführungen mit der herzlichen Bitte an die Genannten verbunden, ihren Kurs anhand der Heiligen Schrift zu überprüfen und da, wo Abweichungen von der Lehre der Bibel erkannt worden sind, umzukehren hin zum biblischen HERRN Jesus Christus und Seinem irrtumslosen Wort.

Im Jahre 2000 erschien in England ein Buch mit einem äußerst provokativen Titel: »Evangelicalism Divided«, zu Deutsch: *»Die Evangelikalen sind gespalten«.*[100] Autor ist Iain H. Murray, der frühere Assistent von Dr. Martyn Lloyd-Jones (1899–1981). Murray dokumentiert darin »die verhängnisvolle Veränderung in den Jahren 1950 bis 2000« (so der Untertitel seines Buches), die von der biblischen Klarheit und Eindeutigkeit hin zur unbiblischen Verwässerung und Ökumenisierung der Evangelikalen geführt hat. Diese Veränderung führt Murray u.a. auf den Einfluss des immer liberaler gewordenen theologischen Fuller-Seminars in den USA sowie des bekannten Evangelisten Billy Graham zurück. Graham hat – im Gegensatz zu seinen Anfängen – seit den 50er Jahren in seinen Evangelisations-Feldzügen eine immer weitere Öffnung bezüglich seiner Partner vorgenommen – bis hin zu liberalen Kirchen und dem Vatikan. Er hat schließlich sogar darauf verzichtet, erweckte und bekehrte Menschen in eindeutig bibeltreue Gemeinden zu schicken (was sich heute etwa in den deutschen ProChrist-Evangelisationen entsprechend auswirkt). Murray betrachtet dies – zu Recht – als eine verhängnisvolle Weichenstellung in die falsche Richtung, der Martyn Lloyd-Jones bereits in den 60er-Jahren durch seine Forderung nach einer biblischen Absonderung heftig widersprochen hat.

Als ein »Höhepunkt« dieser Entwicklung ist das 1994 in den USA veröffentlichte Dokument zu werten: »Evangelicals and

Catholics Together« (»Evangelikale und Katholiken gemeinsam«), das u.a. von führenden Evangelikalen wie Charles Colson, Richard Land, Brian O'Connell, Bill Bright, Os Guinness, Peter Kreeft, James Packer und Pat Robertson unterzeichnet ist. Darin wird – trotz Benennung fundamentaler Unterschiede – behauptet: »Evangelikale und Katholiken sind Brüder in Christus« und dazu aufzurufen, auf »Proselytenmacherei« (also »Abwerbung« von den jeweiligen Kirchen) zu verzichten. Das konservative »Dallas Theological Seminary« veröffentlichte daraufhin eine Antwort, in welcher festgestellt wird: »Die theologischen Unterschiede zwischen Evangelikalen und Katholiken bleiben bedeutsam und dürfen nicht heruntergespielt werden.«

Im April 2002 entstand auch im deutschen Pietismus und Evangelikalismus Unruhe, als der Informationsdienst »Topic« mit der Schlagzeile erschien: »Die stille Spaltung der deutschen Evangelikalen«. Der Artikel weist ebenfalls auf sehr weit gehende Einigungsbemühungen und ökumenische Projekte (z.B. Jahr der Bibel, ProChrist) hin, an denen führende deutsche Evangelikale und Pietisten beteiligt sind. Dies bewegt konservative Evangelikale, sich immer mehr sich von solchen Initiativen und den dahinter stehenden Werken (z.B. Gnadauer Gemeinschaftsverband, Evangelische Allianz) zurückzuziehen.

Nur wenig später als im angloamerikanischen Raum erleben wir zur Zeit auch im deutschsprachigen Europa eine Entwicklung, die noch vor einigen Jahrzehnten unvorstellbar schien: Nicht nur die Spitze der Evangelischen Kirche in Deutschland (EKD), sondern auch immer mehr führende Vertreter der Pietisten und Evangelikalen plädieren für die Annäherung an Rom oder sogar für die große Ökumene mit der römisch-katholischen Kirche und anderen Konfessionen. Die Weichen zum ersten »Ökumenischen Kirchentag« 2003 in Berlin (mit Mitwirkenden aus den unterschiedlichsten Religionen wie z.B. des Dalai Lama und der Unterzeichnung der Charta Oecumenica) waren längst zuvor gestellt. In der Charta Oecumenica, die von zahlreichen Kirchen Europas unterzeichnet wurde, geht es um die religiöse und politische Einigung Europas (vgl. Kapitel 2).

Im Folgenden können repräsentativ für die zu beobachtende Tendenz nur einige der einflussreichsten Dachverbände und Personen genannt werden. Ausdrücklich betont sei, dass keineswegs *alle*

Verantwortlichen in diesen Verbänden die genannten Vorstellungen teilen.

Theologischer Konvent der Konferenz Bekennender Gemeinschaften in den Evangelischen Kirchen Deutschlands

Prof. Dr. Peter Paul Johannes Beyerhaus D.D., Gomaringen bei Tübingen, viele Jahre lang Präsident des Konvents, sprach sich in Anknüpfung an Wladimir Solowjews »Kurze Erzählung vom Antichrist« bereits seit den 70er Jahren zwar gegen eine interreligiöse Ökumene, zugleich aber für eine interkonfessionelle »Ökumene bekennender Christen« aus.[101] Solowjew vertritt in seiner »Kurzen Erzählung vom Antichrist« aus dem Jahre 1900 die Vision einer »gespaltenen Ökumene«: Der abgefallenen Kirche unter Leitung des Antichristen (für Beyerhaus: der Ökumenische Weltrat der Kirchen) tritt die »wahre Ökumene« aus Katholiken (Papst Petrus), Protestanten (Professor Pauli) und Orthodoxen (Starez Johannes) gegenüber. Die Führung der »nicht abgefallenen, wahren Christen« übernimmt bei Solowjew ausgerechnet der Papst Petrus! Im Gegensatz dazu vergleiche man hiermit die Sicht der Reformatoren, die das Papsttum als »Antichrist« bezeichneten!

Peter Paul J. Beyerhaus wurde 1989 (heimlich) zum Bischof in »apostolischer Sukzession« geweiht und leitet als solcher eine »Bekenntnisbruderschaft St. Peter und Paul« mit allen sieben (katholischen) Sakramenten.[102] In der von Beyerhaus verfassten »Regel der Bekenntnisbruderschaft St. Peter und Paul« finden sich u.a. folgende ökumenischen bzw. katholisierenden Lehren und Praktiken: apostolische Sukzession, Eucharistie, Stundengebet, Meditation, Einzelbeichte, Enthaltung der Fleischspeise, sakramentales Verständnis der Ehe, Noviziat und »Gehorsam gegenüber dem mit der Leitung beauftragten Ältesten« bzw. Bischof. Das Ziel der Bruderschaft lautet: »ökumenische Einigung in der Wahrheit, in bewusstem Gegensatz zu allen schwärmerischen Verirrungen, welche die offizielle ökumenische Bewegung Genfer und römischer Prägung heute bedrohen und pervertieren«.[103]

Beyerhaus hält – wie auch der Vizepräsident des Theologischen Konvents, Prof. Dr. Dr. Horst W. Beck, Baiersbronn-Röt – seit vielen Jahren Vorlesungen an der streng katholischen Gustav-Siewerth-Akademie, Bierbronnen (Südschwarzwald). In einem

Glückwunschschreiben gratulierte Beyerhaus dem ihm gut bekannten Präfekten der Vatikanischen Glaubenskongregation (Inquisition), Joseph Kardinal Ratzinger, zu dessen 75. Geburtstag am 16.04.2002 und bezeichnete Ratzinger als »Lichtträger«, der die Aufgabe habe, »für die unverbrüchliche Gültigkeit der biblisch geoffenbarten Wahrheit« einzutreten.[104]

Württembergischer Pietismus

Prof. Dr. Gerhard Maier, seit 2001 Landesbischof (vorher Prälat) der Ev. Landeskirche in Württemberg, einer der führenden Vertreter des württembergischen Pietismus (z.B. als langjähriger Rektor des Albrecht-Bengel-Hauses, Tübingen), lud in seinem Bischofsbericht vom 4. Juli 2002 zum Ökumenischen Kirchentag nach Berlin 2003 ein und äußerte sich auch nachher »durchweg positiv über die ökumenische Großveranstaltung«.[105] Wörtlich sagte Maier in seiner Einladung:

> In Freude und Dankbarkeit erinnere ich mich an die zahlreichen ökumenischen Gottesdienste, die ich im vergangenen Jahr mitfeiern und mitgestalten konnte … Gespannt blicke ich auf den Ökumenischen Kirchentag … Durch die Planung gemeinsamer Vorbereitungsveranstaltungen vor Ort werden neue ökumenische Kontakte geknüpft und schon bestehende intensiviert. Ich ermutige Sie, diese Chancen wahrzunehmen und am Ökumenischen Kirchentag in Berlin teilzunehmen.[106]

Gerhard Maier ist – was eher zufällig öffentlich bekannt wurde – stellvertretender Prokurator der seit 2000 bestehenden Initiative »Unità dei Cristiani e.V. (Einheit der Christen e.V.)« mit dem Ziel der Zusammenführung der getrennten Konfessionen. Prokurator dieser Initiative ist Walter Kardinal Kasper, der Präsident des Päpstlichen Rates zur Förderung der Einheit der Christen (vorher Professor in Tübingen und Bischof der Diözese Rottenburg-Stuttgart).[107] In der Selbstdarstellung dieser Initiative wird offen gesagt, worum es geht:

> Es muss sich auf allen Ebenen durchsetzen, dass es zur Ökumene keine Alternative gibt … Wir … sind ein Verein von katho-

lischen und evangelischen Christen und haben uns verpflichtet, die getrennten christlichen Kirchen in ihren Bemühungen um die Einheit in der Vielfalt zu unterstützen und alles zu tun, damit eine Einheit in versöhnlicher Vielfalt bald möglich ist … Zu den anderen Religionen der Welt wollen wir freundschaftliche und friedliche Beziehungen pflegen.[108]

Als Schritte zu dieser »Einheit in Vielfalt« werden in der Selbstdarstellung der »Unità dei Cristiani« u.a. die folgenden aufgezählt:

- 1948 Gründung des Ökumenischen Rates der Kirchen
- 1960 Sekretariat zur Förderung der Einheit der Christen als vorbereitende Konzilskommission
- 1962–1966 Zweites Vatikanisches Konzil: Öffnung der katholischen Kirche zur Welt; Konzilsdokument über den Ökumenismus »Unitatis Redintegratio« …
- 1999 Unterzeichnung der »Gemeinsamen Erklärung zur Rechtfertigungslehre« in Augsburg – ein wesentlicher Schritt zur Überwindung der Spaltung mit den aus der Reformation hervorgegangenen Kirchen
- 2000 Heiliges Jahr – zahlreiche ökumenische Begegnungen und Ereignisse an symbolträchtigen Orten …
- 2002 Gebetstag und Treffen in Assisi: 31 christliche Kirchen und Gemeinschaften, 12 Welt-Religionen (dieses Treffen trug – trotz aller gegenteiliger Beteuerungen – synkretistischen Charakter!;[109] d. Verf.)
- 2003 Ökumenischer Kirchentag in Berlin
- 2010 (Vision:) Einheit in der Vielfalt – Vielfalt in der Einheit

In seinem Festvortrag zum 25-jährigen Bestehen des »Arbeitskreises für evangelikale Theologie« (AfeT) am 13. 12. 2002 in Gießen plädierte Maier vor der versammelten evangelikalen Theologenschaft ganz offen für einen »interkonfessionellen Konsens (Übereinstimmung)« und ein übergeordnetes »Lehramt« für die evangelische Kirche (wie es ein solches bisher nur in Rom gibt). Maier sagte:

Das grundlegende »Konsenspapier« bleibt das Neue Testament selbst … Mag man das Neue Testament paulinisch-protestan-

> tisch oder petrinisch-römisch lesen, es bleibt das geschlossene und definitive Dokument der Christenheit und insofern sichtbarer Ausdruck eines christlichen Grundkonsenses ... man kann das Lehramt als Aufgabe der Kirchen begreifen.[110]

Trotz (oder wegen?) solcher Äußerungen wurde und wird Maier in den letzten Jahren vermehrt zu pietistischen Großveranstaltungen in Württemberg und darüber hinaus eingeladen, so etwa zur Einführung des neuen Direktors der Liebenzeller Mission, Detlef Krause, beim Pfingstmissionsfest 2003, dem er bei dieser Gelegenheit den Pfarrertitel verlieh.

Deutsche und Weltweite Evangelische Allianz

Dr. Rolf Hille, Vorsitzender der Theologischen Kommission der Weltweiten Evangelischen Allianz (WEA) und des Arbeitskreises für evangelikale Theologie (AfeT), Rektor des Albrecht-Bengel-Hauses in Tübingen, bis zum Jahre 2000 Vorsitzender der Deutschen Evangelischen Allianz (DEA), ist als Vorsitzender der WEA-Kommission beteiligt an Verhandlungen mit einer Theologengruppe des Vatikans mit dem Ziel einer gemeinsamen Erklärung. Rainer Wagner schreibt hierzu in seinem aufschlussreichen Buch »Gemeinde Jesu zwischen Spaltungen und Ökumene«:

> Ohne dass es der Öffentlichkeit näher bekannt wurde, gibt es seit 1993 Gespräche zwischen der Weltweiten Evangelischen Allianz und dem Vatikan, die in eine gemeinsame Erklärung münden sollen. Am 28. Mai 2002 erklärte Rolf Hille dem Herausgeber des Informationsdienstes »Topic« auf dessen Anfrage, dass in Kürze ein von der gemeinsamen Kommission erarbeitetes Diskussionspapier den katholischen Gremien und den Allianzkreisen zur Meinungsbildung vorgelegt werden wird.[111]

Das Gleiche teilte Rolf Hille dem Verfasser in einer E-Mail vom 6. Dezember 2002 mit, wobei er behauptete, dass dieses Papier »keinerlei offiziellen Charakter« habe, da es »weder vom Vatikan noch von der WEA herausgegeben wird, sondern ein Diskussionsbeitrag sein wird, den einige katholische und evangelische Theologen gemeinsam erstellt haben«. Das Ergebnis bleibt abzuwarten.

Peter Strauch, Hilles Nachfolger als Vorsitzender der Deutschen Ev. Allianz und zugleich Präses des Bundes der Freien Ev. Gemeinden (FEG) in Deutschland, Witten, spricht sich in Stellungnahmen und Artikeln für »eine große konfessionelle Weite« aus, die Katholiken einschließt. Wörtlich sagt er:

> Katholizität ... die Universalität der Gemeinde Gottes ... sollte in der Allianzbewegung ihren Ausdruck finden ... Nicht welcher Kirche er (sc. der Einzelne) angehört, sondern wie er zur theologischen Basis der Evangelischen Allianz oder der Lausanner Bewegung steht, ist für die Zusammenarbeit entscheidend.[112]

Einen neuen Höhepunkt der Einheitsbestrebungen der Evangelischen Allianz bildet die »Impulstour EINS«, auf der wir in Kapitel 6 ausführlich eingehen werden.

Gnadauer Gemeinschaftsverband (Dachverband Landeskirchlicher Gemeinschaften)

Pfarrer Dr. Christoph Morgner, Siegen, Präses des Gnadauer Verbandes, plädierte bereits nach seiner Wahl im Februar 1989 in einem aufsehenerregenden Interview[113] für mehr Offenheit in der Ökumene der Konfessionen und in anderen Fragen (Bibelauslegung, Kirchentag, Frauenordination, Charismatische Bewegung, Evolution u.a.). Herbert Becker, Gemeinschaftsinspektor der Evangelischen Gesellschaft für Deutschland, meinte hierzu am 26. August 1989 anlässlich der Jahreshauptversammlung der Evangelischen Gesellschaft für Deutschland / Neukirchener Mission, in seinem Jahresbericht:

> Die Gnadauer Präseswahl fand im Februar dieses Jahres statt. Pfarrer Christoph Morgner, Vorsitzender des Hannoverschen Gemeinschaftsverbandes, wurde zum Präses berufen. Die anschließenden Erklärungen und das idea-Interview sorgten für viel Aufregung. Morgner gehört dem kirchlich geprägten Lager Gnadaus an. Die Vertreter unseres Werkes auf der Gnadauer Mitgliederkonferenz haben ihn nicht gewählt.[114]

Inzwischen scheint sich dies geändert zu haben. Es gab kaum noch

Protest, als Morgner dreizehn Jahre später – im Herbst 2002 – Sätze wie diese schrieb:

> Obwohl die Gemeinschaftsbewegung in den evangelischen Landeskirchen keine geordnete Beziehung zur katholischen Kirche pflegt, habe ich keine Berührungsängste ... Dieser konfessionsübergreifende Zug lässt sich im Pietismus, der größten Erneuerungsbewegung in unserer evangelischen Kirche, durchgängig feststellen. Wir sind allen verbunden, die Christus nachfolgen, ganz gleich, zu welchem kirchlichen Lager sie gehören.[115]

Diese freimütigen Äußerungen Morgners taten seiner einige Wochen später mit überwältigender Mehrheit erfolgten Wiederwahl zum Gnadauer Präses offensichtlich keinen Abbruch.

Bund evanglisch-freikirchlicher Gemeinden (Baptisten)

Wie *idea Spektrum* berichtete,[116] trafen sich Anfang Dezember 2003 hohe Vertreter des Vatikans und des Baptistischen Weltbundes zu einem informellen Gespräch in Rom. Eingeladen hatte zum dritten Treffen dieser Art der Päpstliche Rat zur Förderung der Einheit der Christen. Wie der Präsident des Bundes Evangelisch-Freikirchlicher Gemeinden (Baptisten- und Brüdergemeinden), Siegfried Großmann, erklärte, habe man dabei festgestellt, dass die Gemeinsamkeit zwischen Freikirchen und der katholischen Kirche größer sei als zwischen katholischer und lutherischer Kirche. Sogar bezüglich der Rechtfertigungslehre seien die Freikirchen näher an der katholischen Auffassung, da sowohl Katholiken als auch Freikirchler die Wichtigkeit des menschlichen Handelns zur Rechtfertigung betonen. Auf katholischer Seite sind damit die Sakramente gemeint, auf freikirchlicher die persönliche Glaubensentscheidung. Außerdem wurde die zunehmende Zusammenarbeit der beiden Gruppierungen in den einzelnen Gemeinden begrüßt.

Im Februar 2003 trafen sich Volker Spangenberg und Uwe Swarat als Vertreter des BEFG sowie weitere Freikirchen-Vertreter mit katholischen Theologen zu einem Symposion zum Thema »Rechtfertigung in freikirchlicher und römisch-katholischer Sicht« im Johann-Adam-Möhler-Institut für Ökumenik in Paderborn.[117]

Dabei wurde weitgehende Einigkeit festgestellt und die freikirchliche Auffassung von »Bekehrung« mit einer katholischen »Zustimmung des Herzens« gleichgesetzt. Der Dialog soll fortgesetzt werden.

Für manche ein ökumenischer Höhepunkt, für andere ein Grund zum Austritt aus ihrer Baptisten-Gemeinde, war die Beteiligung des BEFG auf dem Ökumenischen Kirchentag 2003 in Berlin einschließlich der dortigen Unterzeichnung der Charta Oecumenica.

Vereinigung Evangelischer Freikirchen

In der Vereinigung Evangelischer Freikirchen (VEF) sind acht evangelikale und pfingstliche Freikirchen zusammengeschlossen, darunter der BEFG und die FEG, und vier Gemeinschaften mit Gaststatus angegliedert. Insgesamt vertritt die VEF damit 250.000 Gemeindemitglieder. Vorsitzender ist Siegfried Großmann (der zugleich Vorsitzender des BEFG ist) und sein Stellvertreter Peter Strauch (außerdem Vorsitzender der Ev. Allianz und der FEG). Auch die VEF erstrebt sowohl die inner-evangelikale als auch die große christliche Ökumene.

Auf der Jahrestagung 2003 sprach sich Heinrich Christian Rust für die Bildung einer einzigen, zusammengeschlossenen Freikirche in Deutschland aus, in der eine Vielfalt in Frömmigkeit und Gemeindegestalt gefördert werde. Das Präsidium der VEF nahm Rusts Anregung auf und empfahl, vor Ort die Zusammenarbeit mit denjenigen Gemeinden zu suchen, die selbständig sind und bisher nicht der VEF angehören (z.B. russlanddeutsch geprägte Gemeinden, Gemeinden, die der »Konferenz für Gemeindegründung« nahe stehen, selbständige Brüdergemeinden).[118]

Anfang 2004 trafen sich Theologen aus VEF-Freikirchen mit Vertretern der römisch-katholischen Kirche zu einem Symposium am Johann-Adam-Möhler-Institut für Ökumenik in Paderborn, um über Gemeinsamkeiten in der Tauffrage zu konferieren. Tatsächlich wurde dabei eine Annäherung im Taufverständnis festgestellt. Beide Seiten sehen die Taufe als Initiationsprozess des Gläubigwerdens, der noch weitere Elemente umfasse. Außerdem war man sich einig, dass Gott den Menschen in der Taufe zur Mitwirkung bei der Umsetzung des empfangenen Heils in die Praxis berufe und ermächtige.[119]

Weitere Beispiele

Betrachtet man solche Weichenstellungen, die durch führende Pietisten und Evangelikale – zum Teil zunächst hinter verschlossenen Türen, aber nun plötzlich ganz offen – erfolgt sind, dann muss man sich nicht wundern, dass inzwischen auch in etlichen weiteren evangelikalen oder dem Pietismus nahestehenden Werken, Gemeinschaften, Verlagen, Zeitschriften (z.B. *»Aufatmen« und »Dran«* vom Bundes-Verlag), Medien und Rundfunkanstalten (z.B. *ERF*) ökumenisches und mystisches Gedankengut immer offener propagiert wird. Die Zeitschrift »Aufatmen« beispielsweise will insbesondere Entscheidungsträger in evangelikalen Gemeinden erreichen und veröffentlicht systematisch pro-katholische Artikel, u.a. von dem einflussreichen katholischen Pater und New-Age-Anhänger Anselm Grün. Grün propagiert Selbsterforschung nach Lehre des Okkult-Psychiaters C. G. Jung und therapeutisches Gebet für Verstorbene.[120]

Pfarrer Hanspeter Wolfsberger, Direktor der *Liebenzeller Mission* (er ist inzwischen von diesem Amt zurückgetreten), initiierte ein riesiges »Haus der Stille« mit »Tagzeitgebeten« und ließ im Jahr 2001 eine Kapelle mit – bis dato immer noch vorhandener – Ikone im Monbachtal bei Bad Liebenzell errichten. Ikonen kommen vor allem in der orthodoxen Kirche sehr häufig vor. Es sind Bilder, durch welche mittels Meditation des Betrachtenden angeblich Christus, Gottvater oder die Heiligen in die geschaffene Welt eintreten und mit ihm Verbindung aufnehmen – eine mystische Vorstellung mit der Gefahr des Spiritismus, die – insbesondere, was die Darstellung Gottvaters oder Jesu Christi angeht – im Gegensatz zum biblischen Bilderverbot (2Mo 20,4ff) steht!

Jürgen Werth, Direktor des Evangeliums-Rundfunks, schrieb über die im Monbachtal aufgestellte Ikone »Christus und Menas« eine Meditation, die in der Zeitschrift »Aufatmen« unter der Überschrift »Bildergeschichten« veröffentlicht wurde und in der Kapelle im Monbachtal aushängt. Darin heißt es: »Wir lernen immer wieder neu – auch durch diese Ikone: Jesus ist an unserer Seite.«[121] Wolfsbergers Vorgänger als Direktor der Liebenzeller Mission, Pfarrer Dr. Lienhard Pflaum, hatte dagegen immer wieder deutlich vor solchen ökumenisch-mystischen Bestrebungen gewarnt und tut dies bekanntlich bis heute.

Bereits im Jahre 1999 schrieben Vertreter von 15 evangelischen Kommunitäten und Vereinigungen in Deutschland (z.B. die *Jesus-Bruderschaft Gnadenthal*, die *Christus-Bruderschaft Selbitz*, die *Michaelsbruderschaft* und die *Kommunität »Steh auf«*) an den Papst und teilten ihm mit, sie würden ihn als »Sprecher der geeinten Christenheit« anerkennen.[122] Am 28. September 2002 fand erstmals eine Ökumene-Wallfahrt auf den Kreuzberg bei Bischofsheim (Rhön) unter Beteiligung »evangelischer, evangelikaler und katholischer Christen« statt, die vom Leiter der evangelikalen Gästehäuser Hohe Rhön, Fritz Schroth, Bischofsheim, initiiert wurde. Schroth ist zugleich Vorsitzender des Ausschusses für Mission und Ökumene in der bayerischen Landessynode.[123]

Ausblick

Diese Beispiele ließen sich – leider – beliebig vermehren. Zeitschriften wie »Topic«, »Zeitspiegel«, »Informationsbrief der Bekenntnisbewegung« und »Bekennende Kirche« brachten in der letzten Zeit immer wieder erschütternde Hintergrundinformationen. In »Topic« Nr. 10/2002 erschien sogar ein Artikel unter der Überschrift *»Wie evangelikale Führer die Evangelikalen verführen«*. Beginnen sich die Kapitel 13, 17 und 18 der Johannesoffenbarung sowie Matthäus 24 und 1. Petrus 4,17 (»Das Gericht beginnt am Hause Gottes«) bereits zu erfüllen? So fragen immer mehr Gläubige an der Gemeindebasis angesichts dieser Vorkommnisse. Und die Befürchtung taucht auf: Wem kann man denn noch vertrauen? Diese Frage stellt sich um so bedrückender, als es sich bei mehreren der genannten Personen um Männer handelt, die für viele Christen – so auch für mich – in früheren Jahren große Vorbilder im Glauben waren. Diese Zeilen schreibe ich daher mit tiefer innerer Betroffenheit. Viele der geschilderten Ereignisse sind mir unbegreiflich. Ich kann sie nur unter dem Aspekt verkraften, dass wir es hier mit endzeitlichen Entwicklungen zu tun haben – mit einer Verblendung, die jeden von uns erfassen kann, wenn wir nicht wachsam sind und treu in der Nachfolge Jesu Christi bleiben. Ich möchte mich daher auf keinen Fall zum Richter über andere erheben. Das steht mir nicht zu. Ich kann nur beten: Möge Gott der HERR selbst sich in dieser Zeit der Verführung über Seine Herde erbarmen und sie mit Seinem Geist ausrüsten, damit sie mutig und treu in der Wahrheit bleibt: in Jesus Christus allein, der sie leitet, bewahrt und ans Ziel bringt. Jesus Christus spricht: *»Fürchte dich nicht, du kleine Herde! Denn es hat eurem Vater wohlgefallen, euch das Reich zu geben«* (Lk 12,32).

Bereits im Jahre 1963 richtete Dr. Gertrud Wasserzug-Traeder, die langjährige geistliche Mutter der Bibelschule Beatenberg, angesichts der rasch anwachsenden ökumenischen Bewegung das folgende warnende Wort an eine endzeitreife Christenheit:

> Wir wissen, dass wir uns mit unserer kritischen Zurückhaltung außerhalb der größten kirchlichen Bewegung unserer Zeit stellen. Wir wissen, dass wir damit den Weg wählen, außerhalb des Lagers zu gehen, um Jesu Schmach zu tragen. Es wird die große Zeit der Verfolgung der wahren Gemeinde Jesu einsetzen durch die Kirche des Abfalls. Wir werden dann als die Ketzer der neuen Zeit der Kirche gebrandmarkt und verfolgt. Wir sehen deutlich, dass die Entwicklung dieser größten kirchlichen Bewegung unserer Zeit hinführen muss zu dem, was der Prophet des Neuen Testaments in der Offenbarung sieht, nämlich eine Kirche des Abfalls, eine Weltmachtkirche. Wir müssen uns bereit machen zu dem größten aller Kämpfe, zu einer Auseinandersetzung innerhalb der christlichen Kirche zwischen Glaube und Unglaube, zwischen Christus und Antichristus, zwischen dem Heiligen Geist und dem falschen Propheten. Lasst uns der Versuchung einer unbiblischen Vereinigung widerstehen, wie Jesus ihr widerstanden hat und lasst uns völlig klar die Bewegung unserer Zeit sehen und beurteilen und Stellung dazu nehmen. Wer Ja zu Jesus und der Einheit der wahren Gemeinde sagt, der muss Nein sagen zu einer organisatorischen Vereinigung von Kirchen, die auf einem menschlichen Fundament aufgebaut ist, die von einem menschlichen Geist durchströmt ist und ein menschliches Ziel hat.[124]

Mögen wir dieses warnende und wegweisende Wort heute mehr denn je beherzigen!

Kapitel 6

Der aktuelle Trend nach Rom *(HWD)*

Das neue Jahrtausend geht mit einer besonderen ökumenischen Erwartung einher. Der Kurienkardinal Walter Kasper, Präsident des Päpstlichen Rates für die Einheit der Christen, schrieb in der Tageszeitung »Die Welt« unter der Überschrift »Das Jahrtausend der Ökumene«:

> Wenn man die gegenwärtige ökumenische Situation einordnen möchte ins Ganze der Kirchengeschichte, so kann man das erste Jahrtausend als das Jahrtausend der ungeteilten Kirche und das zweite Jahrtausend als das der beiden großen Kirchenspaltungen bezeichnen. Das dritte Jahrtausend könnte und sollte in dieser Sicht das ökumenische Jahrtausend einer versöhnten Verschiedenheit in der einen Kirche Jesu Christi werden. In dieser Perspektive spricht Papst Johannes Paul II. von einer »ökumenischen Epoche«. Für ihn ist Ökumene weder ein Zusatz noch ein Anhängsel des kirchlichen Auftrags, sondern in dessen Zentrum selbst verwurzelt.
>
> Heute rückt durch die Globalisierung die ganze Menschheit zu einer großen Schicksalsgemeinschaft zusammen. Ökumene ist die christliche Antwort auf die Zeichen der Zeit, zu der es keine realistische Alternative gibt … Die eine Kirche Jesu Christi in versöhnter Verschiedenheit ist kein fauler Kompromiss. Der Weg der Ökumene ist im ursprünglichen Sinn des Wortes katholisch, also umfassend.[125]

Tatsächlich hat sich der Ökumeneprozess seit dem Jahrtausendwechsel auch unter den Evangelikalen durch ein verdichtetes Programm ökumenischer Aktionen erstaunlich beschleunigt. Christen aller Couleur gingen mit den hohen Erwartungen ins neue Jahrtausend, dass es ein Zeitalter der vereinten Evangelisation der Welt und des Verwirklichens christlicher Einheit würde. Die drei Großprojekte »Jahr der Bibel«, »ProChrist« und der erste Ökumenische Kirchentag bildeten ein Dreigespann, mit dem die Basis der Kirchen und Gemeinden auf systematische Weise ökumenisch weichgekocht werden sollte. In 2004 findet diese Serie mit Projekten wie z.B. der »Impulstour EINS« der Evangelischen Allianz und dem ökumenischen Europatag in Stuttgart eine Fortsetzung.

Jahr der Bibel 2003

Der Wettlauf der ökumenischen Aktionen begann mit dem Ausrufen des Jahres der Bibel 2003. Es wurde initiiert und getragen von einer großen christlichen Koalition, insbesondere von »vier Säulen«: Der evangelischen und katholischen Kirche sowie der ACK und der Evangelischen Allianz. Zum Leitungskreis gehörten neben katholischen Würdenträgern u.a. Ulrich Parzany (CVJM, ProChrist) und Hartmut Steeb (Ev. Allianz). Dem offiziellen »Ideenheft zum Jahr der Bibel 2003« zufolge ist ein »Neuaufbruch der Ökumene in unserem Land«[126] das erklärte Ziel der Aktion. Tatsächlich beteiligten sich nach idea Spektrum (50/2003) in Deutschland, Österreich und der Schweiz rund 20.000 (!) Gemeinden verschiedener Konfessionen an der Aktion.

Das »Jahr der Bibel« war auch eng vernetzt mit der Aktion ProChrist. Das lag auch nahe, da bedeutende Führungspersönlichkeiten im Leitungskreis beider Aktionen saßen. Das »Ideenheft« gab auch klar zu: »Die Idee ist, eine öffentlich wirksame Vernetzung der Initiative ProChrist mit dem Jahr der Bibel zu erreichen.«[127]

Der Informationsdienst Topic (7/02) schrieb:

> So etwas hat Deutschland noch nicht gesehen: Katholische, evangelische, orthodoxe, evangelisch-freikirchliche und andere christliche Gruppen wollen am gleichen Strang ziehen. Es geht um das »Jahr der Bibel 2003« ... Im Leitungskreis dieser Großaktion sitzen u.a. die Ev. Kirche Deutschlands (EKD), die (katholische) Deutsche Bischofskonferenz, die Deutsche Ev. Allianz (DEA), der CVJM-Gesamtverband, der Ev. Gnadauer Gemeinschaftsverband (Vereinigung Landeskirchlicher Gemeinschaften) und der Bibellesebund. Für Peter Strauch, Präses der Freien Ev. Gemeinden und Vorsitzender der DEA, »könnte die Koalition kaum größer sein«, um das »Wort Gottes« unter die Leute zu bringen.
>
> ... Unmissverständlich wird an vielen Stellen darauf verwiesen, dass das »Jahr der Bibel« auch ein ökumenischer Prozess

> ist, um Christen verschiedener Couleur zusammenzuschweißen. So bezeichnet Kardinal Karl Lehmann, Vorsitzender der Deutschen Bischofskonferenz, das Jahr der Bibel als »herausragendes ökumenisches Ereignis« und verweist auf die Vernetzung mit dem ersten »Ökumenischen Kirchentag« 2003 in Berlin …

Die Planungsrichtlinien im »Ideenheft« zum Jahr der Bibel fordern auf, das »ökumenische Klima« auszuloten und verwehren ausdrücklich all jenen die Beteiligung, die »den ökumenischen Charakter der Aktion ablehnen«.[128]

Bibeltreue Christen, die Vorbehalte gegen das falsche römisch-katholische Evangelium oder gegen die liberale Theologie der EKD haben, waren also von vornherein von den Aktionen rund ums Jahr der Bibel ausgeschlossen, weil sie »den ökumenischen Charakter der Aktion« ablehnen. Wolfgang Nestvogel kam zu dem klaren Urteil: »Das Jahr der Bibel instrumentalisiert die Bibel im Dienst einer strategischen Ökumenisierung.«[129]

Da die beiden Großkirchen letztlich die Autorität und Irrtumslosigkeit der Bibel ablehnen, brachte das Jahr der Bibel die seltsame Situation, dass sich diese Kirchen für ein Buch einsetzen, das sie zwar als Kulturgut, aber nicht als Autorität achten. Für die gute harmonische Zusammenarbeit zwischen Groß- und Freikirchen vermutete idea-Reporter Markus Mockler in einem rückblickenden Interview jedoch als Grund:

> Liegt das vielleicht auch daran, dass man die Bibel als Kultur- und Bildungsbuch verkauft hat – und weniger als Provokation und Herausforderung, dass sich durch die Heilige Schrift ein ganzes Leben verändern und auf Gott hin ausrichten muss?[130]

ProChrist 2003

Die seit 1993 durchgeführte evangelikale Großevangelisation ProChrist ist bekannt für ihre Offenheit gegenüber allen Konfessionen. Bereits 1995 hatte der Hauptredner der ProChrist-Veranstaltungen, Ulrich Parzany, erklärt:

> Wir haben … erlebt, dass die Christen, denen es darum geht, dass das Evangelium intensiv weitergesagt wird, zusammenge-

arbeitet haben: vom Pietisten bis zum Katholiken. Das dürfte künftig nicht ohne Folgen bleiben.[131]

Im Konzeptheft zu ProChrist 1997 wurde dann davon gesprochen, dass ProChrist kein einmaliges evangelistisches Projekt ist, sondern ein Prozess. Zu diesem Prozess gehört nicht nur die Evangelisation, sondern auch die Zusammenführung verschiedener Konfessionen. Wie ProChrist selbst berichtet, hatte dieses Konzept Erfolg:

> Zum erstenmal ist es gelungen, eine große Allianz zu bilden, die auch nach ProChrist noch weiter bestehen bleiben soll ... Die evangelische Kirche stellt die Räumlichkeiten, die katholische Kirche den Projektor, die Pfingstler, landeskirchliche Gemeinschaft und die Baptisten den Rest der Technik, die Pietisten die Moderation und den Tee, die Brüdergemeinde die Anspiele, die Charismatiker den Lobpreis usw.[132]

ProChrist 2003 war so ökumenisch ausgerichtet wie nie zuvor. Im »Ideenheft zum Jahr der Bibel« fand sich ProChrist eingebunden als zugehörige Aktion mitten zwischen dem ökumenischen Weltgebetstag der Frauen und dem ökumenischen Kirchentag. Scharfsinnige Beobachter analysierten, ProChrist 2003 fungiere »mit voller Absicht als Transmissionsriemen der Ökumenisierung«.[133]

Besonders eng war die Zusammenarbeit mit der EKD. Deren damaliger Ratsvorsitzender Manfred Kock hatte zuvor die Gegensätze zwischen evangelikalen und liberalen Ansätzen für überwunden erklärt.[134] Kock, der offen für »Homo-Ehen« und die interreligiöse Ökumene eintritt, trat sogar am 19. März 2003 als Interviewgast bei ProChrist auf.

Auch die Zusammenarbeit mit der katholischen Kirche wurde noch enger als bereits in vorherigen ProChrist-Jahren. ProChrist arbeitete nicht nur mit einzelnen katholischen Pfarreien zusammen, sondern bekam sogar die schriftliche Absegnung durch Kardinal Schönborn, dem Vorsitzenden der österreichischen katholischen Bischofskonferenz. So gänzlich eingegliedert in die offizielle Ökumene, fand auch die ACK ein volles Ja zu ProChrist. Wolfgang Nestvogel schreibt:

Es stellt sich heraus, dass der Ökumenismus im beschriebenen Sinne von ProChrist nicht nur aus pragmatischen Gründen hingenommen, sondern mittlerweile direkt propagiert wird. Wer das sieht, ist dann nicht mehr überrascht, dass erstmals in der ProChrist-Geschichte auch die Arbeitsgemeinschaft Christlicher Kirchen (ACK) für das Projekt wirbt. Die ACK ist quasi der deutsche Zweig des Genfer Weltkirchenrates und vertritt ein »Missionsverständnis«, das dem Neuen Testament widerspricht. Dennoch findet die ACK Gefallen an ProChrist, was sich dessen Vertreter offensichtlich gefallen lassen. In einer ACK-Erklärung, die u.a. von Bischöfin Maria Jepsen, Bischof Joachim Wanke (röm.-kath.) und Metropolit Augoustinos (orthodox) unterzeichnet ist, heißt es: »Das Jahr 2003 wird einige herausragende Möglichkeiten zum gemeinsamen Handeln bieten: das Jahr der Bibel, der Ökumenische Kirchentag in Berlin und ProChrist 2003 sind Gelegenheiten, Menschen die gute Botschaft von Jesus Christus neu nahe zu bringen …«[135]

Ökumenischer Kirchentag

Der Ökumenische Kirchentag im Juni 2003 in Berlin war ein Paradebeispiel für den schrecklichen Abfall und die himmelschreiende Religionsvermischung der offiziellen Ökumene. Man fragt sich, worin der Sinn lag, wenn bei einer »christlichen« Veranstaltung mit 3000 Einzelangeboten der Name »Jesus« gerade bei 10 Programmpunkten erwähnt wird. Welchen Sinn hatten der Auftritt des Dalai Lama und die Angebote des Zen-Buddhismus, Yoga und Qi-Gong auf dem ökumenischen Kirchentag? Wozu die unzähligen Bands, Theatergruppen, Kabaretts – eines davon mit dem geradezu blasphemischen Namen *»Heiliger Bimbam«* – welche die Kirchentagsbesucher eher ablenkten, als sie auf das zentrale Anliegen, die Botschaft Gottes an eine verlorene Menschheit, hinzuführen?

Ganz so tolerant gab sich der Ökumenische Kirchentag dann doch nicht. Z. B. war es den messianischen Juden ebenso verwehrt, ihre Arbeit zu präsentieren, wie Missionswerken, die unter Moslems arbeiten, und eine Anti-Abtreibungs-Initiative bekam wegen anstößiger Fotopräsentationen die rote Karte und musste während der Veranstaltung ihre Zelte abbrechen.

Trotz der offenkundigen Religionsvermischung des ÖKT waren so viele Freikirchen wie noch nie auf einem Kirchentag vertreten. Der methodistische Bischof Walter Klaiber, zugleich ACK-Vorsitzender, wirkte gleich bei acht Veranstaltungen mit. Siegfried Großmann, Präsident des Bundes Evangelisch-Freikirchlicher Gemeinden, wohnte der feierlichen Unterzeichnung der Charta Oecumenica bei. Viele Freikirchen hatten eigene Stände und wirkten bei Leitung und Gestaltung von ÖKT-Veranstaltungen mit. Der Komik-Evangelist Arno Backhaus referierte auf einer Veranstaltung zum Thema »Von der Unverschämtheit des Glaubens«. Auch zahlreiche andere prominente Evangelikale wie Ulrich Parzany (CVJM, ProChrist), Roland Werner (Christustreff, Christival) und Klaus Göttler (Christival, EC) waren als Mitwirkende vertreten.[136]

Von Seiten der Evangelischen Allianz wirkte Hartmut Steeb, Generalsekretär der DEA, in einer Hauptveranstaltung des Ökumenischen Kirchentages zum Thema »Universale Menschenrechte« im Rahmen einer christlich-islamischen Menschenrechtsdebatte mit.[137] Idea-Chefredakteur Helmut Matthies schrieb im Vorfeld des Ökumenischen Kirchentages zu dieser Entwicklung:

> … als zur ersten großen evangelisch-katholischen Versammlung – dem Ökumenischen Pfingsttreffen 1971 in Augsburg – 8.000 Menschen zusammenkamen, fehlten evangelikale und freikirchliche Gemeinden. Über 30 Jahre später kommen … zum ersten Ökumenischen Kirchentag 200.000 Kirchenmitglieder nach Berlin. Und noch nie waren Freikirchen und Evangelikale so stark bei einem Kirchentag vertreten wie beim kommenden, der auf Initiative der katholischen Kirche zustande gekommen ist.[138]

Matthies führt dies auf die »Sehnsucht nach Einheit« zurück und bemerkt: »Die Frage nach der Wahrheit, die die 68er Generation bewegte, ist weit weggerückt.«

Ein bedeutender und konkreter Schritt für die Ökumene war auf dem Kirchentag die Unterzeichnung der »Charta Oecumenica«, auf die wir in Kapitel 2 bereits ausführlich eingegangen sind.

Der Kinofilm »Die Passion Jesu Christi«

Als eher unverhoffter denn als geplanter Triumph für die Ökumene erwies sich der erfolgreiche Kinofilm »Die Passion Christi«. Er wurde vom überzeugten Katholiken Mel Gibson produziert und kam in Deutschland am 18. März 2004 in die Kinos. In unsagbar bluttriefender und brutaler Weise hat Gibson die letzten zwölf Stunden vor dem Kreuzestod Jesu verfilmt – in den USA als »nicht jugendfrei« eingestuft. Inspiriert wurde Gibson u.a. von den Visionen der katholischen Mystikerin Anna Katharina Emmerich. Deren Anregungen entsprechend spielt in dem Film Maria, die Mutter Jesu, eine unbiblisch wichtige Rolle. So wendet sich z.B. Petrus nach seinem Verrat Jesu an Maria, um Trost und Vergebung zu finden. Außerdem gibt Gibson zu, mit dem Film die Wichtigkeit der katholischen Eucharistie verdeutlichen zu wollen.

In den USA wurde der Film von Tausenden evangelikalen Pastoren und Führungspersonen jubelnd als größte evangelistische Gelegenheit überhaupt begrüßt. Als Werbekampagne hatte Gibson zahlreiche Gemeinden besucht und Tausenden christlicher Schlüsselpersonen eine Vorversion vorgeführt, u.a. 4.500 Gemeindeleitern in der Saddleback-Gemeinde von Rick Warren, Autor des Bestsellers »Kirche mit Vision«. Zu den glühenden Befürwortern des Films gehören u.a. Billy Graham und Bill Hybels (Willow Creek).

Aus dem evangelikalen Lager erhob kaum jemand eine kritische Stimme mit Bedenken. Nur wenige wagten zu hinterfragen, ob es überhaupt richtig sei, den Sohn Gottes in einem Kinofilm nachzustellen oder ob der vordergründige Katholizismus oder die exzessive Gewaltdarstellung nicht gegen den Film sprechen. Auch schien es niemanden zu stören, dass der »Jesus-Darsteller« Jim Caviezel seine charismatische Ausstrahlungskraft angeblich in dem beliebten Marienerscheinungsort Medjugorje (Bosnien) erlangt hat.

Der Film rangierte zwei Monate nach Kinostart bereits auf Platz 7 der erfolgreichsten Kinofilme aller Zeiten. Das dementsprechend große Echo auch in den säkularen Medien hat unter den Evangelikalen auch im deutschsprachigen Europa geradezu eine Euphorie ausgelöst. In Deutschland setzten sich evangelikale Medien und Verlage stark für den Film ein. Der lutherisch-evangelikale Reporter Uwe Simon-Netto erhoffte sich in idea Spektrum für Deutschland eine tiefgreifende Erweckung durch den Film. Der evangelikale Hänssler-Verlag (Holzgerlingen) gab den offiziellen Bildband zum Film mit Vorwort von Mel Gibson heraus. Der Bundes-Verlag (Bund Freier evangelischer Gemeinden) bot auf seiner Internetseite »Jesus.de« sogar kostenlose Eintrittskarten für eine Sondervorführung des Films an und stellte Gutscheine für reduzierten Kinoeintritt zur Verfügung. Die IBS (International Bible Society, Herausgeber von »Hoffnung für alle«) stellte sich voll hinter dem Film und gab eine evangelistische Broschüre heraus, mit dem Christen andere in den Film einladen sollen.

Eine Umfrage des evangelikalen Internetforums »Jesus.de« kurz vor Kinostart zeigte, dass nur 4% der jungen Christen den Film wegen lehrmäßiger Bedenken nicht im Kino sehen wollten. Drei Viertel waren fest entschlossen, in den Film zu gehen.[139]

Denkwürdig ist zudem der enorme Erfolg des Films in muslimischen Ländern. In vielen arabischen Ländern erwies er sich als Kassenschlager. In anderen muslimischen Staaten, wo es keine Kinos gibt, findet der Film als Video-Raubkopie reißenden Absatz. Diese Beliebtheit unter Muslimen kann zum einen darauf beruhen, dass der Film als antisemitisch bekannt ist und daher begrüßt wird. Andere Gründe sind, dass der Islam Maria ebenfalls höher bewertet als Jesus und so der stark marianisch geprägte Film gut von den Muslimen aufgenommen wird. Außerdem wird in dem originalen Aramäisch des Films Gott mit »Alluh« angesprochen, was Muslimen aufgrund der Ähnlichkeit mit »Allah« sympathisch ist.

Der Film hat jedenfalls die Offenheit für den Katholizismus mit all seinen Besonderheiten auch unter Evangelikalen gefördert: die Betonung des Schauens statt des Glaubens einschließlich der bildhaften Darstellung Jesu Christi, die Miterlöserschaft Marias, die Eucharistie, den Mystizismus und einen »Glauben an Jesus« ohne wahres Evangelium. Auch hier wurde die »Basis« der evangelikalen Gemeinde ökumenisiert.

Impulstour EINS

Genau auf diese Basis zielt auch die »Impulstour« zum Thema Einheit von der Evangelischen Allianz ab, die von April bis Juli 2004 zu Großveranstaltungen in acht deutschen Großstädten einlädt. Während offizielle Einheits-Koalitionen oft rein auf Führungsebene beschlossen werden, sollen bei diesen Aktionen möglichst viele Christen direkt mit dem Einheitsanliegen erreicht und zu praktizierter Einheit motiviert werden. Zum fast ganztägigen Programm gehören Vorträge zum Thema Einheit aus biblischer Sicht und weitere Referate sowie ein buntes Rahmenprogramm aus Musik, Theater und Kurzvorstellungen verschiedener Werke. Den Höhepunkt am Abend bildet das eigens verfasste Musical »Noch einmal Kapernaum«. Es inszeniert ein »Klassentreffen« der Jünger Jesu nach 2000 Jahren.

Die Resonanz fiel zumindest beim Auftakt der Impulstour in Hannover mit nur einigen hundert Teilnehmern relativ bescheiden aus.[140] In Anbetracht des enormen finanziellen und kräftemäßigen Aufwands, der für eine so große und intensiv beworbene Kampagne nötig ist, fragt man sich, ob diese Ressourcen sinnvoll eingesetzt sind. In einem Interview der evangelikalen Wochenzeitung *idea Spektrum* wurde Peter Strauch, Vorsitzender der Ev. Allianz und Hauptredner der Impulstour, nach dem Grund für diese Kampagne gefragt. Strauch betonte, dass es darum geht, die »Einheit für alle Welt erkennbar zu machen«.[141] Die *sichtbare Einheit* ist allerdings gerade das Ziel der römisch-katholischen Kirche und der Weltökumene. Hier sprechen evangelikale und katholische Führer auffallend oft diesselbe Sprache. Man gibt sich nicht damit zufrieden, dass die Einheit aller wahren Christen eine *unsichtbare* Realität ist, sondern will sie sichtbar *machen*. In Kapitel 7 werden wir noch näher auf die Problematik der *sichtbaren* Einheit eingehen.

Was ist das Kriterium der Allianz-Einheit?

Wenn Einheit aber an sichtbaren, äußerlichen Dingen festgemacht wird, dann muss sie auch auf äußerlichen Dingen beruhen. Alleiniges Kriterium der Zugehörigkeit zur Einheit ist dann das Bekenntnis zu Jesus Christus;[142] unberücksichtigt bleibt, dass dieses Bekenntnis womöglich ein unechtes Lippenbekenntnis sein kann. Millionen Katholiken bekennen sich zu Jesus Christus, ohne das Evangelium der Gnade zu kennen, geschweige denn daran zu glauben. Peter Strauch spricht im idea-Interview zwar von der Notwendigkeit der neuen Geburt[143] und meint gewiss die biblisch richtigen Konzepte. Es kann jedoch unmöglich eine *sichtbare* Einheit aller Wiedergeborenen erreicht werden, da nur Gott selbst weiß, wer wirklich ewiges Leben hat (2Tim 2,19). Den Anspruch, wiedergeboren zu sein, erheben jedoch Millionen falscher Bekenner (z.B. in den USA bezeichnen sich auch liberale Christen als »wiedergeboren«) und auch die katholische Kirche kennt diesen Begriff. Nur bedeutet Wiedergeburt im Katholizismus etwas anderes, nämlich die Säuglingstaufe. »Von Bekehrung«, hingegen spricht man laut Strauch »im Pietismus«, als sei die biblische Lehre der Bekehrung ein Sondergut der Pietisten. Die Bekehrung ist jedoch ein biblisches Synonym für echte Buße und persönlichen Glauben und daher tatsächlich als Kriterium echter Einheit geeignet. Befürchtet man vielleicht, Nachdruck auf echte Bekehrung könnte Katholiken vor den Kopf stoßen, da sie eine solche Lehre nicht haben, sondern sich seit Säuglingstagen an als Christen verstehen?

Strauchs Definition: »Alle Menschen, die sich dafür entschieden haben, mit Jesus Christus zu leben«, beschreibt ebenfalls nicht die Grundlage echter Einheit. Eine solche Entscheidung – von der die Bibel übrigens nichts sagt – ist ein menschliches Werk, das ebenso oberflächlich und falsch sein kann wie ein bloßes Lippenbekenntnis. Evangelische und katholische Jugendliche verstehen ihre Konfirmation bzw. Firmung üblicherweise als eine solche »Entscheidung, mit Jesus zu leben«. Sogar die meisten Zeugen Jehovas und Mormonen würden wohl bekennen, sich »zu einem Leben mit Jesus entschieden« zu haben.

Letztlich bleibt es sich gleich, ob man als Einheits-Kriterium die Begriffe »Bekehrung«, »Wiedergeburt« oder sonst ein einzelnes Wort wählt. Diese Begriffe repräsentieren zwar biblisch richtige Konzepte, können aber für sich keine Minimalbasis für Einheit liefern. Strauch argumentiert zu Recht, dass es untergeordnete Lehrfragen gibt, die die Einheit nicht gänzlich zu hindern brauchen. Aber: Die Lehrfrage, was eigentlich das Evangelium ist, ist die Grundlage und kann nicht mit einzelnen, noch so biblischen Worten wie »Bekehrung« oder »Bekennen« hinreichend definiert werden. Hier ist sowohl ein deutliches Lehrbekenntnis als auch eine klare Absage an gängige, z.B. römisch-katholische Irrlehren unverzichtbar.

Der Kurswechsel der Allianz

In dem Interview wird Peter Strauch auch mit der Frage konfrontiert, ob ein katholischer Bischof zur Allianz gehören könnte. Der

Allianzvorsitzende hält dies von Seiten des Bischofs her zwar für unwahrscheinlich, spricht aber von keinerlei Vorbehalten seitens der Allianz gegenüber dem Bischofsposten. Die Allianz würde demnach also sogar katholische Kirchenführer mit offenen Armen aufnehmen, wenn diese nur wollten. Bereits in einem Interview mit der Zeitschrift »Aufatmen« hatte Peter Strauch für Offenheit gegenüber dem Katholizismus plädiert und erklärt, die Evangelische Allianz sei seit ihrer Gründung 1846 stets ökumenisch ausgerichtet gewesen und man habe sich schon damals nicht gegen katholische Christen gewandt.[144] Das stimmt jedoch nicht. Hans Hauzenberger schreibt über die Anfangszeit der Allianz:

> Von allem Anfang an sahen die meisten tonangebenden Leute in der Allianz eine Aufgabe in der Bekämpfung der römisch-katholischen Kirche und des Anglo-Katholizismus ... Der Kampf gegen den Katholizismus wurde aber ins Programm der Allianz aufgenommen ... Aber auch aus theologischen Gründen sah man sich durch den Katholizismus herausgefordert, der als der »große Feind des Christentums« verstanden wird.[145]

Peter Strauch behauptet in dem Idea-Interview: »Die Evangelische Allianz ist theologisch weder liberaler geworden, noch hat sie sich ihren Grundlagen in irgendeiner Weise entfernt.«[146] Dabei müsste Strauch nur zu gut wissen, dass das Gegenteil der Fall ist, denn abgesehen von der Öffnung gegenüber dem Katholizismus war er selbst maßgeblich an einem bedeutenden Kurswechsel der Allianz beteiligt: an der Kasseler Erklärung von 1996, dem Schulterschluss zwischen Allianz einerseits und Pfingstlern und Charismatikern anderseits. Während die Evangelische Allianz bis in die 1990er Jahre eine klare ablehnende Überzeugung gegen charismatische Sonderlehren hatte, begann sie 1996 gemeinsame Sache mit Charismatikern zu machen, z.B. in der gemeinsamen Veranstaltung des »Jesus-Tages«, der bis dahin »Marsch für Jesus« hieß und den Hintergrund charismatischer »geistlicher Kriegsführung« hatte. Peter Strauch drückte im Januar 2000 in einem Interview mit der pfingstlerischen Zeitschrift »Wort und Geist« seinen postmodernen Pluralismus aus:

> Deshalb bin ich überzeugt, dass bei der Aufnahme »typischer

> charismatischer Elemente« ein Defizit gefüllt wird, das gefüllt werden muss, wenn wir als Christen ganzheitlich leben wollen.[147]

Diese neue Einheit der Allianz mit Charismatikern und Pfingstlern seit 1996 war ein Meilenstein im Einheitsprozess und offenbar ein Vorreiter für die Öffnung gegenüber dem Katholizismus, denn seitdem verhält sich die Allianz auch immer einladender gegenüber Katholiken. Die Integration der charismatischen Bewegung, vorangetrieben u.a. durch die »Impulstour«, bereitet den Weg zum Katholizismus. Denn die charismatische Bewegung ist mit ihrem Mystizismus und ihrer Betonung sinnlicher Erfahrungen zu Lasten gesunder biblischer Lehre *das* Bindeglied schlechthin zwischen Evangelikalen und katholischer Kirche. Beim Umdenkprozess Toleranz – Relativierung der Wahrheit – Postmodernismus – Humanismus – Ökumene – freimaurerische Welteinheit wirkt die charismatische Bewegung wie ein zündender Katalysator. Es war ein taktisch sehr kluger Schachzug der Einheitsverfechter, vor der Vereinigung von Evangelikalen und Katholiken zuerst eine ungestörte Einheit zwischen Evangelikalen und Charismatikern einzurichten.

Selbstverpflichtung zur Toleranz

Wer heute die politisch korrekte Allianz-Gesinnung vertritt, darf aber nichts mehr gegen Charismatiker, Katholiken und ihre Lehrauffassungen sagen. Die Allianz möchte, dass alle sich »zur Förderung der Einheit unter den Christen« verpflichten und verteilt auf der Einheits-Impulstour eine entsprechende Verpflichtung an alle Besucher. Darin heißt es u.a.:

> Weil die Vielfalt des Leibes Christi den Reichtum der Gaben Gottes widerspiegelt, werde ich auch anderen Traditionen und Frömmigkeitsstilen respektvoll begegnen …
>
> Weil ich das gleichgültige Nichtbeachten und Herabsetzen anderer Christen als Sünde erkenne, werde ich mich nicht daran beteiligen, sondern sie achten, wertschätzen und in Konfliktfällen möglichst das Gespräch mit ihnen suchen.[148]

Diese Verpflichtung spiegelt keine biblische Haltung, sondern die neue Toleranz des Postmodernismus wider. Es ist zwar Auslegungssache, was unter »Nichtbeachten und Herabsetzen« verstanden wird, aber in der Praxis wird dadurch letztlich auch berechtigtes und notwendiges Aufdecken von Falsch- und Irrlehren als »Sünde« deklariert. Wo die Bibel uns zum Ermahnen, Korrigieren, Warnen und Absondern auffordert, wo sie warnt: »Ein wenig Sauerteig durchsäuert den ganzen Teig« (Gal 5,9; 1Kor 5,6) und damit den Einfluss von tolerierter Unmoral und falscher Lehre verhindert, dort urteilt diese Selbstverpflichtung: »Sünde!«

Gottfried Meskemper schrieb in einem Leserbrief an Idea über die Selbstverpflichtung:

> Die »Verpflichtungs-Erklärung« sollte man besser »Maulkorb« nennen … Die Erklärung beinhaltet kein Bibelwort, keine Position, keinen Gebetsaufruf; sie ist profillos … Das hat alles nichts mit Gottes Wort und unserem missionarischen Auftrag zu tun, die Verlorenen zu retten … Da ist von Traditionen, Frömmigkeitsstilen, Wertschätzung, Gaben und Fähigkeiten die Rede, aber nicht von einer Warnung vor Sekten, falscher Theologie oder evangelikaler Spaßgesellschaft.[149]

Dass berechtigte Kritik tatsächlich als verwerfliches »Nichtbeachten und Herabsetzen« beurteilt und dadurch ausgeschaltet wird, sei durch ein Beispiel belegt: Das beliebte Internet-Forum »Jesus.de« des Bundes-Verlages (Witten) filtert über eine »schwarze Liste« bestimmte Beiträge von Teilnehmern heraus. Wenn ein Forum-Teilnehmer auf eine andere Internetseite verweisen will und dazu einen so genannten »Link« schreibt, wird dieser Link anhand dieser »schwarzen Liste« überprüft und gelöscht, wenn er auf apologetische, aufklärende Artikel hinweist. Somit wird der Hinweis den anderen Forumsteilnehmern vorenthalten. Zu den herausgefilterten Internetseiten gehört auch die des Betanien Verlags. Die Moderatoren begründeten dies auf Nachfrage mit der pauschalen Aussage, dass die Artikel auf der Betanien-Internetseite »nicht hilfreich« seien und dort Charismatiker und Katholiken »verunglimpft« würden. Besonders stieß man sich daran, dass in einem Betanien-Artikel in Frage gestellt wurde, ob der Papst wiedergeboren sei. Diese Aussage kann bei »Jesus.de« schlecht geduldet werden, da der Bundes-Verlag auch einen überzeugten Katholiken als Forum-Moderator engagiert hat.

Der Impulstour-Selbstverpflichtung zufolge sollen die Sonderlehren der einzelnen Denominationen nicht korrigiert werden, sondern man soll sie als Ausdruck des »Reichtums der Gaben Gottes« betrachten. Ebenso verglich Peter Strauch in seinem Hauptvortrag der Impulstour[150] die vielfältigen Glieder des Leibes Christi mit den vielfältigen verschiedenen Kirchen. Das geht jedoch weit an der biblischen Wahrheit vorbei. Die Vielfalt am wahren Leib Christi besteht nicht in den vielfältigen unbiblischen Lehren und Traditionen, sondern in den vielfältigen *einzelnen* Gläubigen und ihren *geistlichen* Gaben.

Nach Allianz-Ansicht sollen die »vielfältigen« Denominationen und Gruppierungen auch mit ihren jeweiligen Falschlehren bestehen bleiben, Hauptsache, sie vereinen sich auf einer höheren Einheits-Instanz auf Grundlage eines Minimalkonsenses. Weitergehende lehrmäßige Abweichungen werden einem fragwürdigen »Dialog« oder einfach der neuen Toleranz anbefohlen. Im Gegensatz zu den Reformatoren, die entschieden für die ganze Wahrheit der Bibel eintraten und sich um jeden Preis von Irrlehre distanzierten, kämpft die Allianz nicht zuerst für die biblische Wahrheit, sondern setzt die Priorität auf Einheit.

Oft wird die Auffassung, verschiedene Lehren und Denominationen seien eine wünschenswerte »Vielfalt in der Einheit«, mit dem »Bunte-Blumenwiese-Modell« zu rechtfertigen versucht: Die Denominationen seien wie verschiedene bunte Blumen auf einer Wiese, die diese besonders schön mache, und daher sei die Vielfalt der Konfessionen durchaus Gottes Wille.

Dieses »Bunte-Blumenwiese-Modell« und seine Konsequenz kam auf der Impulstour in einem Sketch mit Eva-Maria Admiral und Eric Wehrlin zum Ausdruck: Die vereinten Christen wurden scherzhaft »Freiluthbaptanglokathogelen« genannt. Auch wenn das nicht ernst gemeint war, vermittelt es doch einen Grundgedanken des Allianz-Modells: Alle Denominationen haben ihre Existenzberechtigung, und anstatt diese aufzugeben und sich schlicht und einfach »Christen« zu nennen, muss – um allen gerecht zu werden – ein Monstrum an Wortkonstruktion erfunden werden – obwohl doch allein der biblische Name »Christen« ausreichen würde. Genau wie der »Freiluthbaptanglokatholizismus« wäre eine Einheit nach Allianz-Verständnis ein Monstrum, in dem Christus gar nicht vorkommt, aber der Katholizismus gutheißend integriert ist.

Das »Bunte-Blumenwiese-Modell« ist das Gemeinde- und Einheitsverständnis der Allianz. Sie sieht verschiedene Denominationen als Reichtum und Unterschiede, die man »feiern« soll, wie Rudolf Westerheide, Referent der Allianz, es in Aufatmen schrieb.[151] Der Katholizismus kann in diesem Modell nichts anderes sein als eine weitere willkommene Blume auf der Wiese. Das ist kein Glaube an die *eine* Wahrheit Gottes, sondern postmoderner Pluralismus.

Europatag »Miteinander für Europa«

Das wohl größte bunte Potpourri verschiedener Denominationen und Bewegungen präsentiert sich am 8. Mai in der Hanns-Martin-Schleyer-Halle in Stuttgart. Rund 175 christliche Bewegungen und Werke mit katholischem, charismatischem, evangelikalem, orthodoxem und anglikanischem Hintergrund versammeln sich unter dem Motto »Miteinander für Europa«, um dem neuen vereinten »Europa eine christliche Seele zu geben«.[152]

An diesem Treffen sollen auch 25 katholische Bischöfe und 24 Bischöfe anderer christlicher Konfessionen teilnehmen sowie 30 Parlamentsabgeordnete aus 10 europäischen Ländern. »Zum ersten Mal treffen einander katholische, evangelische, orthodoxe und anglikanische kirchliche Bewegungen, um den spirituellen Reichtum Europas zu zeigen, das auf dem Weg zur Einheit ist«, sagte Valeria Martano von der katholisch-ökuemenischen Gemeinschaft »Sant'Egidio«.[153]

Helmut Nicklas vom CVJM München, als Vertreter der evangelikalen Gruppierungen mitverantwortlich für den Europatag, erklärte, die Kirche habe »zwei wesentliche Aspekte, den charismatischen und den institutionellen. Der charismatische Aspekt verbindet uns.« Damit zitiert er eine Aussage Papst Johannes Pauls II. auf dem Pfingsttreffen 1998. Damals hatte der Papst alle katholischen Bewegungen zu einem gemeinsamen Treffen nach Rom zusammengerufen und damit den entscheidenden Impuls geliefert, der letztlich zum Europatag in Stuttgart führte. Die Gründerin der katholisch-ökumenischen Fokolar-Bewegung, Chiara Lubich, hatte auf diese Anregung des Papstes hin die Initiative ergriffen und sich für den Aufbau eines Gemeinschafts-Netzwerkes dieser katholischen Bewegungen eingesetzt. Der nächste Schritt war, dass dieses katholische Netzwerk bei den Feierlichkeiten zur »gemeinsamen Erklärung zur Rechtfertigungslehre« (von Lutherischem Weltbund und der römisch-katholischen Kirche« in Augsburg am 31. Oktober 1999) in Kontakt zu einem seit 1969 bestehenden Netz evangelischer und charismatischer Gemeinschaften kam. Die beiden Netzwerke vereinten sich, intensivierten die Gemeinschaft und treten mit dem Europatag 2004 als ökumenische Initiative erstmals im großen Rahmen an die Öffentlichkeit.

Zum Stuttgarter Europatag werden über 10.000 Menschen erwartet (Eintritt: 30 Euro). Etwa 141 weitere Städte nehmen über Satellitenschaltung am Großereignis teil. Rund 100 Vertreter aus Politik, Wirtschaft und Gesellschaft sind beteiligt, darunter der Präsident der Europäischen Kommission, Romano Prodi. In Paris wird der Sitz der UNESCO mit Stuttgart verbunden sein und in Rom das Kapitol.

Vor dem Treffen findet am 6. und 7. Mai ein Kongress statt, bei dem die Gründer und Leiter verschiedener christlicher Bewegungen auftreten werden: Chiara Lubich, Gründerin der Fokolarbewegung, Andrea Riccardi, Gründer der Gemeinschaft Sant'Egidio, Friedrich Aschoff, Vorsitzender der »Geistlichen Gemeindeerneuerung in der evangelischen Kirche«, Ulrich Parzany, Vorsitzender der evangelikalen »Koalition für Evangelisation in Deutschland« und des ProChrist e.V., sowie der orthodoxe Priester Heikki Huttunen.

Das Programm des unter der Schirmherrschaft von Ministerpräsident Erwin Teufel stehenden Europatages spricht für sich:

- 10.00: Begrüßung und Lobpreis mit dem katholisch-charismatischen Lobpreisleiter Albert Frey
- 10.19: Friedrich Aschoff und Chiara Lubich erklären die Bedeutung des Tages; Grußworte von Kardinal Walter Kasper, Präsident des Päpstlichen Einheitsrates, sowie von Johannes Friedrich, Bischof der evangelisch-lutherischen Kirche in Bayern
- 11.00: Andrea Riccardi: »Europa – Geschichte und Geist Romano Prodi, Präsident der EU-Kommission: »Die Einheit Europas«
- 12.00: Ulrich Parzany: »Europa braucht Christus«
- 12.20: Friedrich Aschoff und Chiara Lubich zum Thema Versöhnung und Geschwisterlichkeit
- 14.00: Singen mit der evangelikal-charismatischen Popmusikerin Judy Bailey

- 14.30: Jugendprogramm »So wollen wir Europa«
- 15.00: Vorstellung von Bewegungen und Gemeinschaften unter dem Motto »Einheit in Vielfalt«. Gespräch mit Einheits-Kardinal Walter Kasper und Landesbischof Johannes Friedrich.
- 16.50: Chiara Lubich: »Ein geeintes Europa für eine geeinte Welt«
- 17.30: Abschluss mit dem Gebet Jesu um die Einheit »Alle sollen eins sein« (Joh 17,21), gemeinsam gesprochen von 16 Bischöfen verschiedener Konfessionen, sowie einer Choreografie mit den Flaggen Europas, wobei die *eine* Europaflagge den Abschluss bildet.[154]

Hier ein Querschnitt der rund 175 beteiligten Gemeinschaften und Werke:

Alpha-Kurs-Bewegung Deutschland
Bewegung Licht-Leben (Marienverehrung)
Christliche Internet-Arbeitsgemeinschaft CINA
CVJM mit vielen Ortsgruppen
Charismatische Erneuerung in der katholischen Kirche
Cursillo Arbeitsgemeinschaft Deutschland (katholisch)
Fokolar-Bewegung (katholisch-ökumenisch)
Freie Christliche Jugendgemeinschaft Lüdenscheid
Geistliche Gemeinde-Erneuerung in der Evangelischen Kirche
Gemeinschaft Immanuel (katholisch-charismatisch)
Gemeinschaft Sant'Egidio (katholisch-ökumenisch)
Teen Challenge in Deutschland
Vineyard, deutschsprachiger Dachverband
Schönstatt-Bewegung (Marienverehrung)

Zur Zielsetzung des Europatages gehört auch die vereinte Evangelisation: »Gemeinsam evangelisieren ist wirkungsvoller als das Zeugnis einzelner Gruppierungen«, heißt es auf der Internetseite der Initiative. Hier stellt sich gleich das Grundproblem: Was verstehen die beteiligten Gemeinschaften unter dem Evangelium? Die wortführende Fokolar-Bewegung vertritt alles andere als das biblische Evangelium der Errettung allein durch Glauben an Jesus Christus. Sie bekennt sich klar zur interreligiösen Ökumene und sieht auch in den anderen Religionen Errettungswege:

> Neben dem Engagement in der Ökumene setzt sich die Fokolar-Bewegung unter anderem besonders für einen Dialog unter den Religionen ein. Menschen ohne einen religiösen Bezug finden Zugang durch den gemeinsamen Einsatz für Frieden und soziale Gerechtigkeit … Basis des interreligiösen Dialogs in der Fokolar-Bewegung ist die sogenannte »goldene Regel«, die sich in nahezu allen Religionen der Welt findet: »Was du dir von den anderen erwartest, das tu auch ihnen.«
>
> 1977 erhielt Chiara Lubich in London den Templeton-Preis »für den Fortschritt der Religion«. Bei der Auszeichnung waren viele Gläubige und Führer der großen Weltreligionen anwesend und reagierten außerordentlich positiv auf das Engagement der Fokolar-Bewegung auf diesem Gebiet. Dies war der Beginn eines intensiven Dialoges, der sich inzwischen auf alle großen Weltreligionen erstreckt. Seit 1994 ist Chiara Lubich Ehrenpräsidentin der Weltkonferenz der Religionen für den Frieden (WCRP).
>
> Die Entdeckung, dass uns der Gedanke der Achtung und Nächstenliebe unter vielen Weltreligionen verbindet, hat tiefe Freundschaften wachsen lassen und weltweit zahlreiche gemeinsame Aktionen und Projekte für Frieden und Gerechtigkeit ins Leben gerufen. Mittlerweile zählen sich etwa 30.000 Gläubige der großen Weltreligionen zu Freunden und zum Teil zu engen Mitarbeitern der Fokolar-Bewegung.[155]

Der führende Charismatiker Friedrich Aschoff, maßgeblich am Europatag beteiligt, begrüßt in der evangelikalen Zeitschrift »Aufatmen« diese ökumenische Initiative und antwortete auf die Frage, ob mit dem Europatag eine »›geistliche Ökumene‹ offensiv in Erscheinung« trete:

> Ja, die Gemeinschaften bilden so etwas wie eine geistliche Ökumene – die unabhängiger und beweglicher ist als die Ökumene der verfassten Kirchen … [Der Europatag] ist sicher nur eine Etappe auf einem gemeinsamen Weg, der heißt: aufhören sich abzugrenzen …[156]

Wenn wir aufgefordert werden, jegliche Abgrenzungen aufzulösen, müssen alle Alarmglocken schlagen. Gott selbst hat am ersten

Schöpfungstag die Abgrenzung zwischen Licht und Finsternis vollzogen. Die neutestamentliche Lehre ist eindeutig:

> Geht nicht unter fremdartigem Joch mit Ungläubigen! Denn welche Verbindung haben Gerechtigkeit und Gesetzlosigkeit? Oder welche Gemeinschaft Licht mit Finsternis? ... Darum geht aus ihrer Mitte hinaus und sondert euch ab! spricht der Herr (2Kor 6,14-17). Fegt den alten Sauerteig hinaus! (1Kor 5,7).

Doch Evangelikale und Charismatiker laden großmütig zum Europatag ein. Walter Heidenreich von der Freien Christlichen Jugendgemeinschaft Lüdenscheid fordert als Mitwirkender auf: »Lasst uns gemeinsam aufstehen für ein Europa, in dem Gott sich in Seiner Kraft bewegen kann und Zeichen, Wunder und Heilungen Raum haben.« Und obwohl Ulrich Parzany vor seiner Beteiligung gewarnt wurde, wird er als ein Hauptredner des Europatages fungieren. Da Vermutungen aufkamen, er habe seine Teilnahme abgesagt, wurde bei der mitveranstaltenden Geistlichen Gemeindeerneuerung nachgefragt, und die Antwort lautete: »Nein! Er kommt mit Begeisterung. Er war gerade zur letzten Besprechung mit allen Verantwortlichen in Rom zusammen.«[157]

Jesus-Tag 11. September 2004

Am denkwürdigen Datum 11. September 2004 findet in Berlin eine fast noch umfassendere Mischung von Christen zum »Jesus-Tag« zusammen. Gleich vorn auf der Internetseite der Veranstaltung[158] wird aufgeführt, mit welchen Aktionen der Jesus-Tag sich verbunden sieht: u.a. dem Jahr der Bibel 2003, dem Europatag Stuttgart und der Impulstour EINS der Evangelischen Allianz. In der Presseerklärung heißt es: »Der Jesus-Tag, der unter anderem auch die Tradition der internationalen ›Jesus-Märsche‹ aufnimmt, wird getragen von einem e.V., in dem sich Persönlichkeiten aus einem weiten Spektrum protestantischer und katholischer, freikirchlicher und landeskirchlicher Frömmigkeit zusammen gefunden haben.«

Der letzte Jesus-Tag im Jahr 2000, Nachfolger des charismatischen »Marsch für Jesus« (1992 und 1994), war die erste gemeinsame Großveranstaltung von Evangelischer Allianz und charismatischer Bewegung. Mit 50.000 Teilnehmern war er eine echte Großveranstaltung. Ebenso viele werden zum Jesus-Tag 2004 erwartet. Damit wäre der Jesus-Tag die wohl größte der Großaktionen-Serie Impulstour – Europatag – Jesus-Tag.

Bereits im Vorfeld hat der Jesus-Tag durch seine Aktion »40 Tage Beten und Fasten« seine ökumenische Ausrichtung demonstriert. Die Jesus-Tag-Leitung arrangierte die Aktion zusammen mit der evangelikalen »Koalition für Evangelisation« und dem »Katholischen Gebetsapostolat«. Den Eröffnungsgottesdienst dieser groß angelegten Fastenaktion am 2. März 2004 im katholischen Dominikanerkloster in Frankfurt leiteten ein katholischer Geistlicher und der Koordinator von »Koalition für Evangelisation«, Friedhold Vogel.

Die Veranstaltung selbst gliedert sich bewusst ein in ein Netzwerk ökumenischer Großveranstaltungen Das »infomagazin« zum Jesus-Tag, unter Redaktion von Allianz-Referent Rudolf Westerheide entstanden, bekennt sich klar zur dieser klaren Zielsetzung:

> Besonderes Merkmal des Jesus-Tages ist es, die verschiedenen geistlichen Prägungen in den erwecklichen Traditionen unseres Landes zusammenzuführen … Darum hat der Leitungskreis des Jesus-Tages von Anfang an auf eine gegenseitige Partnerschaft mit anderen Veranstaltungen Wert gelegt … Auch hier stellen wir uns ausdrücklich noch einmal in eine Reihe mit den Veranstaltungen, die bereits abgeschlossen sind – wie *Christival, ProChrist, Ökumenischer Kirchentag und JesusHouse* – und die noch ausstehen: … *»Impulstour« der Evang. Allianz vom 24. April bis 3. Juli, »Miteinander für Europa«* am 8. Mai in Stuttgart, die *Allianz-Konferenz vom 4. bis 8.8. in Bad Blankenburg* … Unser Gebet ist es, dass diese Großtreffen miteinander das geistliche Klima in Deutschland nachhaltig positiv verändern …[159]

Bezeichnend ist auch, dass beim Jesus-Tag offenbar alles andere im Mittelpunkt steht als das Wort Gottes: Im Grußwort des »infomagazins« beschreibt Axel Nehlsen, 1. Vorsitzender des Jesus-Tag-Vereins, das Motto mit »Feiern, Beten, Handeln«[160]. Dieses »Feiern« und »Handeln« besteht großteils aus Proklamationsmärschen durch die Stadt Berlin. Hintergrund dieser Märsche ist die charismatische Irrlehre der »geistlichen Kriegsführung«. Damit ist das Vertreiben »territorialer Dämonen« durch bestimmte Praktiken gemeint. Der katholischen Kirche, die eine Vorliebe für Exorzismus durch Weihwasser, Kruzifixe usw. hat, ist diese Spielart ökumenischer Vielfalt gewiss sympathisch – die Bibel jedoch kennt ein solches Geheimrezept gegen Dämonen nicht.[161]

Einen hohen Stellenwert auf dem Jesus-Tag (wie auch auf den anderen Großveranstaltungen) nimmt außerdem die zeitgemäße christliche Popmusik ein. Diese Musik vor allem charismatischer Prägung scheint wie ein neues Einheit stiftendes Bindemittel zwischen den Denominationen zu sein. Tatsächlich versucht die charismatische Bewegung seit langem, über ihre Lieder Eingang in alle anderen christlichen Kreise zu finden. Friedrich Aschoff, charismatischer Leiter der »Geistlichen Gemeindeerneuerung, schreibt:

> Über das gemeinsame Singen neuer Lieder findet die Christenheit in unserem Land zusammen. Was mit den Liedern von Jugend mit einer Mission begann, das können wir heute gar nicht hoch genug einschätzen Christen verschiedener Prägung fanden zusammen und konnten gemeinsam singen. Ein wichtiger erster Schritt zum Überwinden von Vorurteilen und zum besseren Kennenlernen war getan.[162]

Erweckung kam in der Kirchengeschichte stets dann, wenn das Wort Gottes vermehrt gepredigt und gelesen wurde. Erweckung war immer eine Bewegung hin zum Wort Gottes. Die Einheits-Großveranstaltungen erstreben zwar eine Erneuerung der Gemeinde und einen geistlichen Aufbruch – aber in welche Richtung? Feiern, Aktionen, Musik statt dem Wort Gottes? Diese Erneuerung scheint mehr auf einen Tanz ums Goldene Kalb hinauszulaufen. Und alles unter dem Motto, das sich auch das abtrünnige Israel damals auf die Fahnen geschrieben hatte: »Ein Fest für den Herrn ist morgen!« (2Mo 32,5).

Ökumene – woher und wohin?

Der Charismatiker Friedrich Aschoff bringt interessanterweise die Geschichte der Pfingstbewegung und die Geschichte der Ökumene zusammen und führt sie gemeinsam auf ein Gebet von Papst Leo XIII. zu Beginn des 20. Jahrhunderts zurück:

> Es geschah zeichenhaft am ersten Tag des 20. Jahrhunderts, am 1. Januar 1901. An diesem Tag betete Papst Leo XIII. in Rom im Namen der ganzen Kirche den Hymnus zum Heiligen Geist: »Komm, Heiliger Geist«. Am gleichen Tag erlebte eine evangelische Bibelschülerin in Topeka (Kansas/USA) die Erfüllung mit dem Heiligen Geist [d.h. »betete in Zungen«, HWD]; ein Geschehen, das neben den Ereignissen in der Azusa Street in Los Angeles (ab 1906) zur Geburtsstunde der Pfingstbewegung gezählt wird.
>
> Was sich in diesen beiden Ereignissen zeichenhaft ankündigte, ereignete sich im weiteren Verlauf des 20. Jahrhunderts in allen christlichen Kirchen ... begannen die starren Fronten der Konfessionen aufzuweichen ... Der Heilige Geist beginnt, die zerbrochene Einheit wieder zu schaffen. Im 20. Jahrhundert entstand durch sein Wirken die ökumenische Bewegung ...[163]

Nach der Aufzählung von ökumenischen Meilensteinen wie der Weltmissionskonferenz in Edinburgh 1910 und der Gründung des ÖRK 1948 knüpft Aschoff dann direkt an die vom Papst auf dem Pfingstreffen 1998 angeregte Einheitsbewegung an, die schließlich zum Europatag 2004 führte. Katholizismus, Pfingstbewegung und Ökumene bilden offenbar eine harmonische Linie. Dem Aufkommen der Charismatischen Bewegung in den 1960er Jahren schreibt Aschoff dann das Verdienst zu, »die Grenzen der Kulturen und Nationen« überwunden zu haben. Tatsächlich hat sich auch die Einheit Europas seit dem Gebet von Papst Leo XIII. drastisch entwickelt: Standen die europäischen Nationen damals unter den großen Spannungen vor Beginn des 1. Weltkrieges, hat sich daraus bis heute eine schier wundersame Einheit entwickelt. Kirchliche und politische Einheit haben Aschoff zufolge sowohl im Wirken des »Pfingstgeistes« eine gemeinsame Ursache als auch einen gemeinsamen Zweck:

> Europa darf nicht nur ein Markt sein – Europa braucht auch eine Seele. Wenn Europa seinem Wesen und uns einer Gestaltwerdung in der Geschichte entsprechen soll, dann kann es nur eine christliche Seele sein. Eine Seele, die etwas von der Menschenliebe Gottes ausstrahlt, die uns Jesus Christus bezeugt hat. In der Ehrfurcht vor Gott, unserem Schöpfer und Vater,

> werden wir fähig sein, die Würde jedes Menschen zu bewahren. Das wird Europa ein menschliches Antlitz geben.[164]

Europa ein Antlitz? In der Bibel werden Nationen und Weltmächte manchmal tatsächlich mit verschiedenen Kreaturen verglichen – das sind jedoch stets dem Volk Gottes feindliche »Tiere« (z.B. Daniel 7, Offb 13). Ein menschliches Wesen, das bildhaft eine religiös und politisch vereinte Macht repräsentiert – ist jedoch die »Frau auf dem Tier« in Offenbarung 17. Ist das nur eine zufällige Parallele zur Europa aus der griechischen Mythologie? Diese auf einem Stier (»Zeus«) reitende Frau steht u.a. vor dem Europarat in Brüssel und ist sogar in der Charta Oecumenica doppelseitig abgebildet und erläutert.[165]

Denken wir noch einmal zurück an Kapitel 1: »Was bedeutet Ökumene?« Dort haben wir gesehen, wie das Römische Reich und die Ökumene quasi gleichbedeutend waren. Dieses vereinte römische Weltreich wiedererstehen zu lassen, war durch die Jahrhunderte der europäische Traum. Karl der Große, Napoleon und Adolf Hitler versuchten sich an der Wiedervereinigung Europas. Heute ist sowohl ein »römisch-europäisches Reich« als auch die Ökumene wieder da. Und der Papst empfängt den *Außerordentlichen Karlspreis* für seinen »unermüdlichen Einsatz für den Frieden und die Einheit Europas«.[166] Radio Vatikan meldete am 25. März 2004 unter der Überschrift »Der Papst erzählt seinen europäischen Traum«:

> Ich denke an ein Europa, dessen Einheit in einer wahren Freiheit gründet. Die Religionsfreiheit und die gesellschaftlichen Freiheiten sind als edle Früchte auf dem Humus des Christentums gereift ... Das Europa, das mir vorschwebt, ist eine politische, ja mehr noch eine geistige Einheit, in der christliche Politiker aller Länder im Bewusstsein der menschlichen Reichtümer, die der Glaube mit sich bringt, handeln.[167]

Am 2. Mai 2004, direkt nach der EU-Osterweiterung, meldete Radio Vatikan dann tatsächlich: »Ein Teil des Traums von Papst Johannes Paul II. ist in Erfüllung gegangen.«

Wir wissen nicht in allen Einzelheiten, wo das »christliche Projekt Einheit« hinführen wird. Wird es zu einer christlichen

Superallianz kommen, wie sie jetzt in den USA geplant ist? Dort arbeiten bereits jetzt Evangelikale, Pfingstler, Anglikaner, Orthodoxe und Katholiken offiziell in einem Forum namens »Christian Churches Together« zusammen und planen, sich voraussichtlich 2005 zu einer großen christlichen Allianz zusammenzuschließen. Oder wird die Ökumene in Europa noch weitgehendere politische Auswirkungen haben als in den USA, wo Kirche und Staat klarer getrennt sind? Wenn ein ökumenisches Christentum tatsächlich, wie angestrebt, in die künftige EU-Verfassung aufgenommen wird, werden die Ökumene und das vereinte Europa sicher noch enger zusammengehören. Der Papst, die katholische Allerlösungslehre, die Charta Oecumenica und auch die evangelikale Einheitsbewegung zielen offenbar genau darauf ab.

Sicher ist, dass die Bibel ein solches religiös-politisches Einheitssystem für die Endzeit voraussagt. Dass die Ökumene auf die Entstehung dieses antichristlichen Systems hinausläuft, ist nur allzu offenbar. In seinem Buch »Das neue Europa« zeigt Roger Liebi,[168] dass das wiedererstandene Römische Reich – die wiedererstandene Ökumene – das antichristliche Reich aus Offenbarung 13-18 ist. Was wir nicht wissen, ist, ob die evangelikale Einheitsbewegung systematisch auf dieses Endzeitszenarium hingesteuert wird, oder ob sie einfach dem Zeitgeist der Postmoderne, des Pluralismus und des Humanismus erlegen ist. Wir können die Verantwortlichen und alle Leser nur eindringlich davor warnen, diesen Weg »unter fremdem Joch« weiter mitzugehen.

Kapitel 7

Die Alternative: biblische Einheit *(HWD)*

Als Jugendlicher, etliche Jahre vor meiner Bekehrung, habe ich der katholisch-ökumenischen Fokolar-Bewegung angehört. Dort wurde gelehrt, Jesus habe für die Einheit aller Menschen gebetet und als Christen sei es unsere Aufgabe, auf eine solche allumfassende Einheit hinzuwirken. Als ich später begann, selbständig in der Bibel zu lesen, musste ich feststellen, dass diese Behauptung völlig falsch ist, denn im betreffenden Bibeltext steht etwas ganz anderes. Das Gebet Jesu für die »Einheit« findet sich in Johannes 17. In diesem Kapitel betet der Herr Jesus *für die Einheit der Gläubigen*, d. h. für die Einheit derer, die ihm nachfolgen (Joh 17,20-21). In diesem Abschnitt, dem so genannten hohepriesterlichen Gebet, spricht der Herr von zwei Menschengruppen: a) von den Gläubigen, d. h. seinen Jüngern und denen, die durch sie gläubig werden, und b) von der »Welt«. Der Herr sagt, dass er nur für die erste Gruppe betet und ausdrücklich »nicht für die Welt« (Vers 9) Dem Bibeltext zufolge beschreibt der Herr Jesus diese beiden Gruppen wie folgt:

a) Die Jünger und späteren Generationen von Gläubigen:

- der Vater hat sie dem Herrn Jesus gegeben (V. 2.9.24)
- sie haben durch Jesus Christus ewiges Leben empfangen (V. 2)
- sie haben Gott bzw. Jesus Christus erkannt (V. 3)
- ihnen wurde der Name Gottes geoffenbart (V. 6.26)
- sie haben das Wort Gottes angenommen (V. 7-8.14)
- sie haben geglaubt, dass Jesus von Gott ausgegangen ist (V. 8)
- sie gehören Gott bzw. dem Herrn Jesus (V. 9.10)
- der Vater wird sie in der Welt bewahren, damit sie eins sind (V. 11)
- keiner von ihnen ist verloren – außer Judas (V. 12)
- sie sollen Jesu Freude in sich haben (V. 13)
- die Welt hasst sie (V. 14)
- sie sind nicht von der Welt (V. 14.16)
- sie werden durch die Wahrheit, d. h. das Wort Gottes, geheiligt (V. 17)

- sie sind in die Welt gesandt (V. 18)
- sie sollen Geheiligte sein (V. 19)
- sie sollen in einer Einheit mit Gott und untereinander verbunden sein. Diese Einheit ist also in einer gemeinsamen Beziehung zu Gott begründet (V. 21)
- Gott hat Großartiges mit ihnen vor (V. 22-26)

b) »Die Welt«

- ist die Menschengruppe, in der sich die Jünger vor ihrer Berufung zum Glauben befanden (V. 6)
- für sie betet Jesus nicht (V. 9)
- sie hasst die Gläubigen, weil diese »weltfremd« sind (V. 14)
- durch das »Böse« in ihr ist sie eine Bedrohung für die Jünger (V. 15)
- zu ihr sind die Jünger von Gott gesandt (V. 18)
- sie soll durch das Zeugnis der Jünger glauben (V. 21)
- sie soll durch die Einheit der Jünger erkennen, dass Jesus von Gott gesandt ist (V. 23)
- hat Gott nicht »erkannt« (V. 25)

Aus diesen biblischen Aussagen wird unmittelbar klar: Christen (d.h. Jünger Jesu, siehe Apg 11,26, wo die Bezeichnung »Christen« erstmals vorkommt) sind eine Gruppe von Menschen, die a) ewiges Leben haben – im Gegensatz zu allen anderen – sie sind »wiedergeboren« (siehe Joh 3,3.5; 1 Petr 1,23), b) eine persönliche Beziehung zu Gott haben (ihn »erkannt« haben), c) heilig leben, nämlich nach dem Wort Gottes, d) von der Welt gehasst werden, e) unter sich eins sind durch die Fürbitte Jesu und ihre enge Beziehung zu Gott (d.h. sie können und brauchen nicht vereint werden durch menschliche Organisationen), und die f) auf keinen Fall eine Einheit mit der »Welt« suchen sollen, sondern als Salz und Licht einen Kontrapunkt zu dieser Welt bilden.

Um nicht missverstanden zu werden: Die Behauptung a), dass nur Christen ewiges Leben haben, bezieht sich nicht anmaßend auf eine *Volksgruppe* oder auf *Kirchenmitgliedschaft*, welcher man aufgrund von Abstammung, Kulturkreis oder Mitgliedschaft angehört. Die Bibel lehrt klar, dass ewiges Leben *jeder* und *nur* der empfängt, der das Evangelium von Jesus Christus hört und wirklich glaubt. Es ist Gottes Wille, dass Menschen aller Völker, Nationen und Kulturen das Evangelium hören und glauben. Wer immer dem Evangelium glaubt und Jesus als Herrn bekennt und ihm nachfolgt, ist »Christ« im biblischen Sinne.

Die Einheit unter Christen ist also Gottes Werk. Mit der Wiedergeburt (Joh 3,3-10) versetzt Gott den Bekehrten in sein Reich, in Christus. Der Gläubige wird in die Gemeinde eingepflanzt, wird ein Glied am Leib Christi und ein Stein am geistlichen Tempel. Er genießt eine innige Gemeinschaft der Verbundenheit mit Gott und dadurch mit den anderen Gläubigen. Genau das beschreibt der Herr in Johannes 17,21-23.

Dem Gebet Jesu zufolge beinhaltet die Einheit aber auch, dass die Jünger zuerst »geheiligt« werden in der »Wahrheit«. Genau das ist der logische Gedankengang des Gebetes Jesu. Er bittet für sie: »Heilige sie in der Wahrheit« (Vers 17) und nennt dann den Grund bzw. das Ziel dieser Heiligung: »… damit sie alle eins seien« (Vers 21). Die Wahrheit, so erklärt der Herr in Vers 17, ist Gottes Wort: »Dein Wort ist die Wahrheit.« Christen werden also dadurch untereinander eins und einig, wenn sie das Wort Gottes hören, lesen, studieren, glauben und befolgen. Sie sind dann auf einer Wellenlänge. Dann haben sie keine verschiedenen »Frömmigkeitsstile« mehr, sondern nur noch den einen Frömmigkeitsstil der Nachfolge und des Nachahmens Jesu. Durch die heute beliebten Begriffe »Toleranz«, »Vielfalt«, »Frömmigkeitsstile« usw. versucht man eine Einheit zu rechtfertigen, die ohne diese »Heiligung in Wahrheit« auskommt.

In der evangelikalen Einheitsbewegung wird zudem eine entscheidende Aussage aus Johannes 17 weitgehend falsch verstanden: Man will eine sichtbare Einheit erstreben – genau wie der Ökumenismus es will – um damit ein evangelistisches Zeugnis vor der Welt zu sein. Doch dieser Vers besagt nicht, dass die Welt eine sichtbare christliche Einheit erkennen und dadurch gläubig werden soll, sondern dass allein durch eine geistliche, unsichtbare Einheit die Christen zu wirksamer Evangelisation befähigt sind. Die Welt kann ebenso wenig die geistliche Einheit der wahren Christen erkennen, wie sie die Einheit der drei Personen Gottes erkennen kann (siehe Vers 22-23). Aber die geistliche, in Gott begründete Einheit verleiht den Christen die Kraft und Wirksamkeit zur Evangeliumsverkündigung in der Welt.

Drei biblische Beschreibungen der Einheit

In Epheser 4, einem zentral wichtigen Kapitel zum Thema Einheit, beschreibt Paulus die Einheit der Gemeinde unter drei verschiedenen Aspekten: als den *einen* Leib Christi, als »Einheit des Geistes« und als »Einheit des Glaubens«.

a) Die Einheit des Leibes

Der Wiedergeborene gehört zur einen, weltweiten Gemeinde – der Gemeinschaft aller wahren Christen. Die Gemeinde wird in der Bibel der »Leib Christi« genannt (Röm 12,4-5; 1Kor 12,12ff, Eph 1,23 u.a.) und die Gläubigen sind die »Glieder« dieses Leibes. Wir müssen bedenken, dass dies nicht nur ein Bild ist, sondern eine geistliche, echte Realität. Es *gibt* tatsächlich diesen Leib, auch wenn er jetzt noch nicht offenbar ist. Christus, das Haupt dieses Leibes (Kol 1,18), ist im Himmel, die Gläubigen hingegen auf der Erde und auf unsichtbare Weise mit ihm und untereinander verbunden.

Doch wir müssen damit leben, dass diese Einheit des Leibes *unsichtbar* ist – und es bis zur Wiederkunft Jesu bleiben wird. Die Ökumene- und Einheitsbestrebungen zielen jedoch gerade auf eine *sichtbare* und erkennbare Einheit ab. Aber wir leben nicht in der Zeit des Schauens, sondern des Glaubens. Die Dinge, die Gott im Verborgenen hält, müssen verborgen bleiben, bis er sie offenbart.

Doch die Tatsache bleibt: Es besteht eine dynamische, reale Einheit zwischen allen wahren Gläubigen untereinander und Christus selbst. Nichts ist dieser Einheit hinzuzufügen und nichts kann davon weggenommen werden! Wenn ein Leib in Einzelteile zerteilt und zersplittert ist, dann ist er kein Leib mehr, sondern eine Leiche! Das wird mit der Gemeinde niemals geschehen.

Wenn es unsere Aufgabe wäre, etwas für die Einheit des Leibes zu tun, dann müssten wir tatsächlich Gemeinschaft und Verbundenheit mit allen möglichen Christen und Namenschristen suchen. Dabei käme ein heilloses Gemisch und Durcheinander zustande, denn letztlich ist es für uns verborgen, wer nun wirklich zum Leib gehört und ein Glied der wahren Gemeinde ist. Der Grundsatz ist: »Der Herr kennt, die sein sind, und: Jeder, der den Namen des Herrn nennt [sich Christ nennt], distanziere sich von der Ungerechtigkeit« (2Tim 2,19). Wir können letztlich keine uneingeschränkte Gemeinschaft mit allen möglichen christlichen Kreisen suchen, sondern vielmehr sollen wir uns von solchen Christen distanzieren, die Irrlehren vertreten oder Böses tolerieren! »... strebe aber nach Gerechtigkeit, Glauben, Frieden, Liebe mit denen, die den Herrn aus reinem Herzen anrufen« (die Fortsetzung des o.g. Verses in 2Tim 2,22).

b) Die »Einheit des Geistes«

Nicht die Christen sind für das Erhalten der Einheit des Leibes zuständig, sondern Gott; dieser Leib ist sein Werk. Warum gibt es dann aber so schrecklich viel Uneinigkeit unter Christen? Weil die Christen sehr wohl verantwortlich sind für die »Einheit des Geistes«, von der in Epheser 4,3 die Rede ist: »Befleißigt euch, die Einheit des Geistes zu bewahren durch das Band des Friedens!« Das ist leider sträflich vernachlässigt worden. Es verunehrt Gott, wenn Christen lieblos miteinander umgehen oder sich wegen ihrer stolzen eigenen Meinungen zerstreiten. Es verunehrt Gott auch, wenn eine Gruppe von Christen beginnt, Sonderlehren zu vertreten, sich mit einem speziellen Namen bezeichnet oder irgendwie versucht, sich als etwas Besonderes darzustellen – und sich somit von anderen Christen abtrennt. Und natürlich verunehrt es Gott erst Recht, wenn Christen sich mit Sünde, Bösem, Weltlichkeit, Irrlehren etc. einlassen, und somit anderen Christen, die dem Herrn treu sein wollen, letztlich nichts anderes übrigbleibt, als sich von ihnen zu distanzieren (nachdem sie zunächst nach Mt 18,15-20 eine Zurechtbringung erstrebt haben).

Die »Einheit des Geistes« ist also keine uneingeschränkte Gemeinschaft aller Christen untereinander. Einheit des Geistes besteht leider meist nur unter einem Teil der Christen – hoffentlich in den örtlichen Gemeinden und innerhalb überörtlicher Gemeindekontakte (siehe z.B. Phil 1,27). Sie ist die familiäre Einheit der sich gegenseitig liebenden Kinder Gottes (1Jo 2,10; 3,10; 4,20). Wer den Heiligen Geist nicht betrübt, sondern von ihm erfüllt ist, wer den Vater und den Sohn liebt und sein Wort hält, genießt diese Einheit und liebt auch die Geschwister. Sie ist keine Einheit unter Kirchenmitgliedern, von denen einige wiedergeboren sind und andere nicht. Es ist auch keine kompromissgeprägte Einheit unter Gläubigen, von denen einige geistlich und heilig leben, und die anderen lieber weltförmig sein wollen oder in Sünde leben. Es ist eben eine Einheit des *Geistes* – eine Einheit geisterfüllter und vom Heiligen Geist zusammengeschweißter Christen. Wenn jemand durch Sünde und Eigensinn das Band dieser Einheit lockert, wird er durch liebevolle Seelsorge zurückgeholt; es wird für ihn gebetet, dass Gott ihm Buße gebe; dann wird er Vergebung empfangen. Doch kann diese Einheit nicht durch künstliche, menschliche Maßnahmen hergestellt werden. Wenn Gott sie schenkt, kann und soll sie von uns bewahrt werden.

Hier ist auch sehr wichtig zu beachten, dass im Neuen Testament der *Heilige Geist* und das *Wort Gottes* aufs Engste zusammengehören. Es hat stets Verwirrung und Übel hervorgerufen, wenn Christen Erfahrungen mit dem Heiligen Geist getrennt vom Wort Gottes suchten. Der den Aposteln verheißene Heilige Geist hat uns durch diese Apostel das Neue Testament gegeben. Dieses Wort Gottes ist das Vermächtnis der einzigartigen Geisteswirkungen zu apostolischer Zeit. Der Bibel nach ist es geradezu gleich, mit dem Heiligen Geist und mit dem Wort Gottes erfüllt zu sein (vgl. Eph 5,18-19 mit Kol 3,16). »Das Wort« *ist* Gott (Joh 1,1) und kam in Jesus Christus und dem Heiligen Geist zu uns Menschen. Deshalb bedeutet »Einheit des Geistes« eins zu sein in der Wahrheit – im »Geist der Wahrheit« und damit im »Wort der Wahrheit«.

c) Die »Einheit des Glaubens«

Aufschlussreich ist auch, dass gerade dieses Kapitel Epheser 4 lehrt, dass Einheit unter Christen vermehrt und gestärkt wird durch die *Zurüstung* und *Belehrung* der Gläubigen (Vers 11-12). Dadurch »gelangen wir hin zur Einheit des Glaubens« (Vers 13), zur gemeinsamen, klaren Erkenntnis Jesu Christi. Deshalb sollen wir Lehre nicht als nebensächlich ansehen und »mehr Grillfeste als Grundsatzdiskussionen« haben – wie es unter Evangelikalen manchmal gefordert wird, sondern ganz im Gegenteil sollen wir in der Lehre gefestigt werden: »Denn wir sollen nicht mehr Unmündige sein, hin- und hergeworfen und umhergetrieben von jedem Wind der Lehre durch die Betrügerei der Menschen, durch ihre Verschlagenheit zu listig ersonnenem Irrtum« (Vers 14). Wenn Christen sich ein Herz nehmen und a) »die Wahrheit reden« (Vers 15a) und zwar b) »in Liebe« (Vers 15b), werden sie die von Gott ge-

gebene Einheit untereinander bewahren und noch mehr zu echter, ausgereifter, aktiver Einheit zusammenwachsen. Möge der Herr uns beharrliche Geduld, brennende Liebe und eifrigen Fleiß geben, einander zu belehren, zu ermahnen, zu korrigieren usw., um diese Einheit des Glaubens, diese gemeinsame Freude an allem, was Christus ist, zu erkämpfen!

Biblische Aufforderungen zur Trennung und Absonderung

Wenn wir die Lehre der Bibel zum Thema Einheit möglichst umfassend und ausgewogen darstellen möchten, dürfen wir uns nicht auf die positive Seite beschränken, sondern müssen auch fragen, ob die Bibel dazu auffordert, sich unter bestimmten Umständen von anderen Christen zu trennen. Auch Rudolf Westerheide, Referent der Evangelischen Allianz, schreibt: »Einheit bedeutet gleichzeitig immer auch Abgrenzung ... Wo es ein Drinnen gibt, gibt es notwendigerweise auch ein Draußen.«[169] Nach dem Allianzverständnis sind jedoch alle »drinnen«, die sich als gläubige Christen bekennen. Abgesehen davon, dass dadurch leicht viele gar nicht wiedergeborene Namenschristen der Einheit zugerechnet werden, stellt die Bibel jedoch auch Gläubige manchmal nach »draußen«. Z.B. schreibt Paulus in 1. Korinther 5 über ein unbußfertiges Gemeindeglied: »Tut den Bösen von euch selbst hinaus« (1Kor 5,13).

Das Neue Testament nennt mehrere Umstände, unter denen Christen sich von anderen Gläubigen trennen sollen:

- Treue Gläubige sollen sich von sektiererischen, parteigeistigen Menschen abwenden (Röm 16,17; Tit 3,10). Das sind Menschen, die Sondergruppen unter Christen bilden wollen – durch Sonderlehren, Irrlehren, Personenkult, Exklusivansprüche, persönliche Streitigkeiten etc.
- Treue Gläubige sollen solche aus ihrer Gemeinschaft ausschließen, die trotz mehrfacher Ermahnung unbußfertig an ihren Sünden festhalten (1Kor 5,11; Mt 18,17)
- Treue Gläubige sollen sich von solchen abwenden, die zwar äußerlich religiös sind, aber die lebensverändernde Kraft Gottes leugnen (2Tim 3,5).

- Treue Gläubige sollen keine Gemeinschaft mit Irrlehrern haben, die z.B. die Auferstehung leugnen. Stattdessen sollen sie Abstand nehmen von aller Ungerechtigkeit, und Gemeinschaft suchen mit gottesfürchtigen Christen (2Tim 2,16-22). Sie sollen sich auch von solchen distanzieren, die eine unbiblische Lehre über Jesus Christus vertreten, z.B. seine Gottheit leugnen (2Jo 1,10).
- Treue Gläubige sollen Gemeinschaft mit »unordentlich lebenden« Christen vermeiden, die sich z.B. weigern zu arbeiten (2Thes 3,6-11).

So schmerzlich es sein kann, diesen Anweisungen Folge zu leisten, wird es wahre Einheit nur dann geben, wenn Gläubige sich an diese Richtlinien halten. Wer diesen Aufforderungen zur Trennung nicht nachkommt, wird eine nicht klar umrissene Gemeinschaft bilden mit ungehorsamen Menschen, deren Beziehung zu Gott gestört ist oder gar nicht besteht.

Eine Einheit zeichnet sich nicht nur durch *Verbundensein* aller Glieder aus, sondern auch durch *Abgrenzung* aller dieser Glieder von allem anderen. Sind siamesische Zwillinge eine oder zwei Personen? Natürlich zwei, aber die Einheit des einen ist durch seine Verbindung mit dem anderen gestört. In einer Ehe sind Mann und Frau nur dann wirklich »eins«, wenn keiner von beiden noch andere intime Beziehungen hat – sonst wird ihre eheliche Einheit unterwandert und zersetzt. Die Trinkwasserversorgung einer Stadt ist eine *Einheit*, die durch verbundene Rohre gebildet wird. Wenn nun aber versehentlich eines der Rohre gleichzeitig mit dem Abwassersystem verbunden ist, bildet das Trinkwassersystem keine Einheit mehr, sondern ist offen und mit allen anderen, schmutzigen Gewässern verbunden. Verbindungen, die gebotene Abgrenzungen auflösen, darf es aber für Christen nicht geben, denn »welche Verbindung haben Gerechtigkeit und Gesetzlosigkeit? Oder welche Gemeinschaft Licht mit Finsternis? Und welche Übereinstimmung Christus mit Belial? Oder welches Teil ein Gläubiger mit einem Ungläubigen?« (2Kor 6,14-15).

Für diese biblische Absonderung ist sowohl der Einzelne verantwortlich als auch die ganze Ortsgemeinde, insbesondere ihre Hirten und Führungspersonen. Doch in der heutigen evangelikalen Bewegung ist die biblische Lehre von Absonderung und

Gemeindezucht nicht nur unliebsam geworden, sondern wird auf breiter Front ignoriert. Ist die Einheit, die die Evangelische Allianz und ihre Gleichgesinnten erstreben, vielleicht gerade deshalb zum Scheitern verurteilt, weil Gottes Gebot der Absonderung missachtet wird? Der Ruf nach Einheit wird oft mit dem evangelistischen Zeugnis vor der Welt begründet. Doch tut es diesem Zeugnis keinerlei Abbruch, wenn man sich von Irrlehren, Unmoral und Toleranz gegenüber dem Bösen distanziert. Im Gegenteil zersetzt fehlende Absonderung und Gemeindezucht die Einheit der treuen Gläubigen. Und Untreue gegenüber dem Wort Gottes nützt gewiss nicht dem evangelistischen Zeugnis.

Vielfalt oder Einheitlichkeit?

Wenn unter Christen ein »Unwort des Jahres« gewählt würde, dann würde ich das Wort »Frömmigkeitsstile« dafür vorschlagen. Mit dieser Wortschöpfung versucht man offenbar schönzureden, dass es unter dem ökumenischen Dach krasse Widersprüche in der Auffassung gibt, wie Gott anzubeten ist. Da stehen die einen Christen Weihrauch schwenkend vor Ikonen, andere reißen durch Rockmusik aufgeheizt in Discobeleuchtung enthusiastisch die Arme in die Höhe, wieder andere widmen sich dem Bibelstudium und schlichten Gottesdiensten. Ganz im Sinne des aktuellen Weltgeistes, des Postmodernismus und Pluralismus, versucht man nun mit dem Begriff »vielfältige Frömmigkeitsstile« diesen verschiedenen Auffassungen von Anbetung eine Berechtigung zuzusprechen. Unter Berufung auf das biblische Gebot, andere nicht zu richten, sollen alle möglichen unbiblischen Abarten des Gottesdienstes toleriert werden. *Richten und verurteilen* ist jedoch etwas anderes als *prüfen und urteilen*, und ein durch die Bibel erleuchteter und geschärfter Verstand erkennt, was falsch und was richtig ist – was der Wille Gottes ist und was nicht. Das zu »prüfen«, fordert uns die Bibel klar auf (Röm 12,2; Eph 5,10, 1Thes 5,21; 1Jo 4,1).

Der vielzitierte Vers 1. Thessalonicher 5,21 wird hier oft falsch angewendet oder sogar missbraucht: »Prüft aber alles, das Gute haltet fest!« Das wird oft verstanden als Aufforderung, in allem etwas Gutes zu entdecken und dies als Berechtigung der ganzen Sache anzusehen, z.B. einem »Jesus-Kinofilm«, der zwar viel Falsches und Schreckliches enthält, aber auch einige positive Aspekte hat. Übersehen wird dabei, wie der Zusammenhang weitergeht: »Von aller Art des Bösen haltet euch fern!« (1Thes 5,21). Die Schrift lehrt hier also erstens, dass wir alles, auch was den Anspruch des Christlichen hat, *prüfen* (beurteilen) und dann die Konsequenz ziehen sollen. Wenn Böses mit im Spiel ist – auf jeden Fall die Finger davon!

Kennt die Bibel unterschiedliche »Frömmigkeitsstile«? Ja, gleich auf den ersten Seiten finden wir ein Brüderpaar, das ganz verschiedene Anbetungsstile praktizierte: Kain und Abel. Allerdings zeigt ihre Geschichte eindeutig, welcher »Stil« Gott wohlgefällig war und welcher nicht. Kains Problem war, dass er nicht nach dem Willen Gottes gefragt hat, sondern eigenwillig war. Wenn wir als Christen einig in der Wahrheit werden wollen, muss jeder Eigenwille und jeder bevorzugte »Frömmigkeitsstil« abgelegt werden. Stattdessen müssen wir in der Bibel nach dem *einen* Willen und Wohlgefallen Gottes suchen. Dieser Blickwinkel, was *Gott* wohlgefällig ist, verschwindet heute jedoch oft unter der rein vertikal (irdisch) ausgerichteten Gesinnung des Humanismus und der menschlichen Toleranz.

Die Bibel lehrt, dass die Gemeinde eine Einheit aus verschiedenen »bunten« Bestandteilen ist – Menschen beiderlei Geschlechter, jeden Alters, aller Herkunft, Klassen und Völker sind darin vorbehaltlos vereint. Eine weitere Vielfalt besteht in den verschiedenen Gaben. Auch die Aufgaben, Rechte und Pflichten von Mann und Frau sind verschieden. Aber in anderen Bereichen ist die Gemeinde strikt einheitlich: in Sachen wie z. B. Anbetung, Moral, Gemeindestruktur und Nachahmung Jesu gibt es nicht mehrere Wahrheiten. Das wäre Postmodernismus. Die Bibel ist in vielen Bereichen von Lehre und Lebenspraxis sehr klar und eindeutig, und in diesen Bereichen müssen wir treu für die eine göttliche Wahrheit kämpfen. Auch wenn es heute nur wenige sind, die »für den ein für allemal den Heiligen überlieferten Glauben kämpfen« (Jud 1,3) und von denen der Herr sagt: »Du hast mein Wort bewahrt« (Offb 3,8), wollen wir uns nicht vom Herdentrieb der großen Ökumene mitreißen lassen. Biblische Einheit ist kein postmodernes Sammelsurium, sondern Einheit in der Wahrheit. »Heilige sie in der Wahrheit! Dein Wort ist die Wahrheit … [Dies bitte ich] damit sie alle eins seien« (Joh 17,17-21).

Die Kraft und Einheit der Ortsgemeinde

Mit großer Besorgnis habe ich immer wieder beobachtet, wie Werke und Organisationen *außerhalb* oder *über* der Ortsgemeinde die Gemeinde berauben und Mitarbeiter und Kraft aus der Gemeinde herausziehen. Viele engagieren sich von Herzen in gemeindeunabhängigen Werken, doch in ihrer Heimatgemeinde besteht ein dringender Mitarbeitermangel. Dienste wie Bibelunterricht, Seelsorge, gemeinsame Evangelisation, Kinderstundenarbeit usw. können verwahrlosen, wenn die begrenzten Kräfte und Ressourcen außerhalb der Gemeinde investiert werden.

Auch das weltliche Schlagwort »global denken, lokal handeln« hat in evangelikale Kreise Eingang gefunden. Aber ist dieses Prinzip biblisch? Sollen wir nicht auch und vor allem »lokal denken«? Der Herr Jesus ist es, der den globalen Überblick hat, und wir sollen treu im Kleinen vor Ort ihm dienen. Natürlich sollen wir nicht den weltweiten Blick außer Acht lassen und weltweit für Mission, verfolgte Christen usw. beten. Aber wie leicht verlieren wir uns in großartigen Visionen und übersehen die bescheidenen, aber notwendigen Dinge vor unseren Füßen! In unserer Zeit, in der das Gericht über das Haus Gottes und die Welt bevorsteht, gilt das Wort an Baruch: »Und du, du trachtest nach großen Dingen für dich? Trachte nicht danach! Denn siehe, ich bringe Unheil über alles Fleisch, spricht der HERR, aber dir gebe ich dein Leben zur Beute an allen Orten, wohin du ziehen wirst« (Jer 45,5).

Die örtliche Gemeinde ist die einzige biblisch berechtigte Institution. Gott hat uns nicht beauftragt z. B. Bibelschulen oder christliche Bekenntnisschulen zu gründen, sondern in der örtlichen Gemeinde zu dienen. Damit will ich nichts gegen Bibelschulen und christliche Schulen sagen – im Gegenteil. Diese können von örtlichen Gemeinden getragen sein und die Gemeinden stärken. Aber sogar Missionswerke hat Gott nicht zu gründen befohlen – das erste und einzige »Missionswerk« in der Bibel ist die Ortsgemeinde. In Apostelgeschichte 13 wurden Barnabas und Paulus in der Gemeinde in Antiochia vom Heiligen Geist auf die erste Missionsreise gesandt. Wie gesagt, nichts gegen solche Werke, im Gegenteil – nur der Fokus muss die Ortsgemeinde bleiben. Evangelisation geschieht letztlich, damit biblische Gemeinden entstehen, in denen Christen *vereint* Gott anbeten. Es sollen nicht nur *einzelne*

Menschen *gerettet* werden, sondern einzelne Menschen sollen zu *Dienern und Anbetern* werden und dann zu *gemeinsamen Dienern und Anbetern* in der Gemeinde. So ist die Ortsgemeinde das Ziel aller Evangelisation. Und die Ortsgemeinde ist auch der Ursprung aller Evangelisation, denn Evangelisation ist nicht Einzelkampf, sondern Gemeinschaftswerk: »… dass ihr fest steht in *einem* Geist und mit *einer* Seele zusammen für den Glauben des Evangeliums kämpft« (Phil 1,27).

Die Gemeinde von Antiochia (Apg 11-13) ist das beste Beispiel dafür, wie eine Gemeinde durch Mission entsteht, missionarisches Denken quasi mit der Muttermilch aufsaugt, und bereits nur etwa ein Jahr später Missionare aussendet – Barnabas und Paulus auf die erste Missionsreise. Ihre Gemeinde in Antiochia bleibt bei ihren Missionsreisen ihr »Basislager«.

Gott hat die Gemeinde – auch die kleine Gemeindezelle im Dorf – so ausgestattet, dass sie komplett, gesund und funktionstüchtig ist wie ein eigenständiger menschlicher Körper. Außer der direkten Verbindung mit ihrem Haupt, dem Herrn Jesus, braucht die Gemeinde nichts für ihr Leben und Wachstum. Nach der Beschreibung der verschiedenen Gaben sagt die Bibel: »… so wirkt er (Christus, das Haupt) das Wachstum des Leibes zu seiner *Selbstauferbauung* in Liebe.« Die Gemeinde ist in sich allgenugsam und nicht auf außer- oder übergemeindliche Strukturen oder Organisationen angewiesen. Gott hat sie so geschaffen und verordnet. An uns liegt es, dies zu glauben und zu praktizieren.

Die Ortsgemeinde ist auch die höchste Stufe der Einheit, die es für uns zu verwirklichen gilt. Damit meine ich natürlich nicht eine örtliche Zweigstelle einer Konfession oder eine Gemeinde, die aufgrund ihrer Tradition oder Sonderlehren zusammenhält, sondern eine neutestamentliche Ortsgemeinde mit der nötigen Weite, wie oben beschrieben. Sicher bestehen auch Beziehungen zwischen den einzelnen Ortsgemeinden einer Region, eines Landes und weltweit, aber es ist nicht unsere Aufgabe, diese Beziehungen durch übergemeindliche Dachstrukturen zu zementieren. Abgesehen davon, dass die Bibel einen hierarchischen Dachverband weder lehrt noch kennt, haben sich solche zentralistisch organisierten Strukturen schon oft als fatal erwiesen. Denn wie leicht sind sie zu vereinnahmen und zu kontrollieren, vom Staat (oder durch EU-Bestimmugen) oder von anderen Mächten. Die Verwaltung der überregionalen Gemeinde gehört nicht in die Hände von Menschen oder Mächten, sondern in die Hand Christi, dem Haupt der Gemeinde. Wir alle sind die »Basis« der Gemeinde – es gibt keine überörtliche Führung. Wir alle sind die Basis – Christus ist das alleinige Haupt – wir sind direkt von ihm abhängig, nichts ist dazwischen.

> [Gott] sei die Herrlichkeit *in der Gemeinde* und *in Christus Jesus* auf alle Geschlechter hin von Ewigkeit zu Ewigkeit! Amen (Eph 3,21).

> Der Gott des Ausharrens und der Ermunterung aber gebe euch, gleichgesinnt zu sein untereinander, Christus Jesus gemäß, damit ihr einmütig mit *einem* Munde den Gott und Vater unseres Herrn Jesus Christus verherrlicht (Röm 15,5).

Tabelle rechts: Im modernen Evangelikalismus häufig missachtete biblische Einheitsprinzipien

Einheit nach evangelikal-ökumenischem Verständnis	*Einheit nach biblischem Verständnis*
Einheit mit allen »bekennenden Christen«	Einheit mit allen, die sich von der Ungerechtigkeit (Sünde, Irrlehre) distanzieren (2Tim 2,19-22)
Einheit und Wahrheit widerstreben einander, aber Einheit ist wichtiger als Wahrheit	Einheit in Wahrheit (Joh 17,17-21)
Vernachlässigung von Absonderung und Gemeindezucht	Absonderung und Gemeindezucht in Treue zum Wort Gottes
Sichtbare Einheit als »Zeugnis« vor der Welt wird erstrebt (Joh 17,21)	Wahre christliche Einheit ist und bleibt für die Welt unsichtbar, gibt aber Kraft und Vollmacht zum evangelistischen Zeugnis (Joh 17,21+Zusammenhang)
Die Ortsgemeinde hat zweitrangige Stellung hinter Dachorganisation und nebengemeindlichen Strukturen und »Netzwerken«	Die Ortsgemeinde ist die einzige von Gott vorgesehene »Organisation« in dieser Welt und hat somit höchste Priorität
Postmodernismus schlägt sich nieder in Toleranzdenken und vielfältigen »Frömmigkeitsstilen«	Vielfalt in verschiedenen Menschen, Völkern und Gaben, aber Einheitlichkeit in der biblischen Wahrheit und dem biblischen Lebenswandel
»Vielfalt des Fleisches«: Denominationen, natürliche Marotten, Vorlieben, Ansichten, usw. werden als positive Vielfalt verstanden	»Vielfalt des Geistes«: vielfältige Herkunft, aber Einheitlichkeit in der Nachfolge Christi, vielfältige geistliche Begabung, aber Einheit im Dienst
»Einheit des Geistes« bedeutet eine oberflächliche, gefühlsbetonte, kompromissbereite Einheit; der »Heilige Geist« bewirkt sie unabhängig vom Wort Gottes auf mystische Weise. »Einheit des Glaubens« wird vernachlässigt.	Einheit des Geistes und des Glaubens bedeutet eine gemeinsame Überzeugung aufgrund des Wortes Gottes und eine herzliche Bruderliebe, da Kinder Gottes alle »durch das Wort der Wahrheit wiedergeboren« sind (Jak 1,18). Das wird auch in Johannes 17,17-24 gelehrt.
Möglichst große Einheit, um vor der Welt etwas zu gelten	Die Jünger sind »nicht von der Welt«, sondern werden unausweichlich von der Welt gehasst (Joh 17,14)

Anhang 1

Die Rückkehr-Ökumene der katholischen Kirche

Das Selbstverständnis der katholischen Kirche (LG)[170]

Nach römisch-katholischem Verständnis ist die Kirche der *mystische Leib Christi.* Sie bildet Christus nicht nur ab, sondern ist Christus selber in neuer Gestalt. Der neue Katechismus der Katholischen Kirche (KKK)[171] zitiert in Nr. 795 Augustin und Thomas von Aquin: »Lasst uns also jubeln und Dank sagen, dass wir nicht bloß Christen geworden sind, sondern Christus.«[172] »Haupt und Glieder sind gleichsam eine mystische Person.«[173] Es besteht »ein wunderbar tiefes Verbundensein aller Gläubigen mit Christus, ganz wie zwischen dem Haupt und den übrigen Gliedern eines Leibes«. Dieses Verbundensein geht so weit, dass sogar »Christi Sühneleiden ... in seinem geheimnisvollen Leibe, der Kirche, erneuert, gleichsam fortgesetzt und vollendet« wird. Diese Fortsetzung des Sühneleidens Christi, die Sühnegemeinschaft mit ihm, erfolgt insbesondere im »eucharistischen Opfer«.[174] Die Kirche, die diese Sühnegemeinschaft mit Christus durch das eucharistische Opfer in vollkommener Weise pflegt und die Vollzahl der Sakramente besitzt, ist die römisch-katholische. Diese »ist, in Analogie zum Herrn selbst, *Ursakrament*, d. h. sie kann als die sichtbar und greifbar gewordene Gnade Gottes dem Menschen in Wort und Sakrament unfehlbar das Heil zusagen und vermitteln«.[175]

> Sie ist unter allen Völkern und Religionen das sichtbare Zeichen des bleibenden und für immer siegreichen Heilswillens Gottes und seiner Heilszusage in Jesus Christus. Sie weist nicht nur auf das übernatürliche Heil hin, sondern sie ist, trotz aller menschlichen Schwäche und trotz Sünde, die Sichtbarkeit der göttlichen Gnade selbst.[176]

In der »Dogmatischen Konstitution über die Kirche *Lumen gentium*« des II. Vatikanischen Konzils wurde 1964 als doppelter Zweck der sakramentalen Funktion der Kirche definiert: »Die Kirche ist ja in Christus gleichsam das Sakrament, das heißt Zeichen und Werkzeug für die innigste Vereinigung mit Gott wie für die Einheit der ganzen Menschheit.«[177] Neben die vertikale tritt hier die horizontale, neben die theologische die anthropologische, neben die mystagogische die ökumenische, ja universalistische Dimension – ein Beispiel für das »aggiornamento« (Welt- und Zeitanpassung) des II. Vatikanischen Konzils.

Die Kirche ist im römisch-katholischen Verständnis das *Gottesvolk des Neuen Bundes.* Sie nimmt die Stelle ein, die dem Volk Israel im Alten Bund zukam (Substitutionslehre). Von der Anknüpfung an das alttestamentliche Priestertum und seiner Ablösung durch die katholische Kirche her erklären sich mancherlei Gebräuche, wie etwa der Opfercharakter der Eucharistie, bestimmte liturgische Elemente, die Verwendung von Priestergewändern, Weihrauch, Weihwasser und ähnliches. In »Lumen gentium« heißt es:

> So hat er sich das Volk Israel zum Eigenvolk erwählt und hat mit ihm einen Bund geschlossen und es Stufe für Stufe unterwiesen … Dies alles aber wurde zur Vorbereitung und zum Vorausbild jenes neuen und vollkommenen Bundes, der in Christus geschlossen, und der volleren Offenbarung, die durch das Wort Gottes selbst in seiner Fleischwerdung übermittelt werden sollte.[178]

Während die römisch-katholische Kirche zum jüdischen Glauben in früheren Jahrhunderten eher eine ablehnende Haltung einnahm, gesteht sie im neuen Katechismus zu, dass Gottes Gnade und Berufung gegenüber Israel »unwiderruflich« sind, und spricht davon, dass »das Gottesvolk des Alten Bundes und das neue Volk Gottes ähnlichen Zielen« zustreben, nämlich der »Ankunft (oder … Wiederkunft) des Messias« (KKK Nr. 839f).

Die Lehre der Taufwiedergeburt

Die römisch-katholische Kirche lehrt die *Taufwiedergeburt* und betrachtet die Taufe als Sakrament des Eintritts in die Kirche (Initiation). Die Taufe hat in der katholischen Lehre eine fundamentale Bedeutung und ihr werden viele Wirkungen zugeschrieben, die sich im Neuen Testament auf den persönlichen Glauben beziehen. So heißt es im Katechismus:

> Durch die Taufe werden wir von der Sünde befreit und als Söhne Gottes wiedergeboren; wir werden Glieder Christi, in die Kirche eingefügt und an ihrer Sendung beteiligt: »Die Taufe ist das Sakrament der Wiedergeburt durch das Wasser im Wort.« (KKK Nr. 1213).

Da die Taufe als Initiationsritus verstanden wird, ist es selbstverständlich, dass die Kindertaufe als Regelfall gilt: »Die Kirche und die Eltern würden dem Kind die unschätzbare Gnade vorenthalten, Kind Gottes zu werden, wenn sie ihm nicht schon bald nach der Geburt die Taufe gewährten« (KKK Nr. 1250). Auch wenn gesagt wird, dass die Taufe »heilsnotwendig« ist, der Seele »ein unauslöschliches Zeichen« einprägt, »Geburt zum neuen Leben« wirkt und der Getaufte »der Kirche, dem Leib Christi eingegliedert« wird (KKK Nr. 1277ff.), so kommt ihr doch kein Automatismus zu. Der Getaufte kann das Heils verlieren, wenn er sich mit vollem Bewusstsein von der katholischen Kirche als dem Ursakrament und Leib Christi sowie vom »Glauben der Kirche« (im Unterschied zum individuellen Glauben) abwendet: »Jeder Gläubige kann nur im Glauben der Kirche glauben« (KKK Nr. 1253). »Wer sich willentlich der Kirche verschließt, verweigert sich dem Herrn selbst und damit seinem eigenen Heil.«[179] Das II. Vatikanische Konzil hat folgende Unterscheidung getroffen:

> Jene werden der Gemeinschaft der Kirche voll eingegliedert, die, im Besitze des Geistes Christi, ihre ganze Ordnung und alle in ihr eingerichteten Heilsmittel annehmen und in ihrem sichtbaren Verband mit Christus, der sie durch den Papst und die Bischöfe leitet, verbunden sind, und dies durch die Bande des Glaubensbekenntnisses, der Sakramente und der kirchlichen Leitung und Gemeinschaft. Nicht gerettet wird aber, wer, obwohl der Kirche eingegliedert, in der Liebe nicht verharrt und im Schoße der Kirche zwar »dem Leibe«, aber nicht »dem Herzen« nach verbleibt.[180]

Es ergibt sich also zweierlei: Zum einen, dass die Zugehörigkeit zur katholischen Kirche heilsnotwendig ist. Zum zweiten, dass eine bloße Mitgliedschaft »dem Leibe«, d.h. der irgendwann vollzogenen Taufe nach, nicht ausreicht, sondern dass eine innere Bejahung des »Glaubens der Kirche«, also eine Mitgliedschaft »dem Herzen nach« hinzukommen muss.

Heilsnotwendige Kirchenmitgliedschaft

Die *Heilsnotwendigkeit der Mitgliedschaft in der römisch-katholischen Kirche* wurde in verschiedenen Dogmen schon früh zum Ausdruck gebracht. Bereits um 250 n.Chr. prägte der Kirchenvater Cyprian den Satz: »Salus extra ecclesiam non est (außerhalb der Kirche kein Heil« (De ecclesiae catholicae unitate). Er wurde immer wieder in Verlautbarungen des römischen Stuhls aufgegriffen, so etwa bei der IV. Kirchenversammlung im Lateran im Jahre 1215: »Es gibt nur eine allgemeine Kirche der Gläubigen. Außer ihr wird keiner gerettet.« Dieser Heilsanspruch wird mit der Dogmatisierung der Transsubstantiations-Lehre (Lehre von der materiellen Verwandlung der Hostie und des Weins in Leib und Blut Christi) im Zusammenhang mit dem eucharistischen Opfergedanken verknüpft:

> In ihr (der heilsvermittelnden Kirche) ist Jesus Christus Priester und Opfer zugleich. Sein Leib und Blut ist im Sakrament des Altars unter den Gestalten von Brot und Wein wahrhaft enthalten, nachdem durch Gottes Macht das Brot in den Leib und der Wein in das Blut wesensverwandelt sind.[181]

In Verlautbarungen des I. und II. Vatikanischen Konzils wurde der Exklusivitätsanspruch der katholischen Kirche, Heilsmittlerin zu sein, zwar grundsätzlich beibehalten, aber in seiner Anwendung doch etwas modifiziert. Die Zugehörigkeit »dem Herzen nach« erlangte hier wesentliche Bedeutung. So heißt es im ersten Entwurf der Konstitution über die Kirche Christi des I. Vatikanums aus dem Jahre 1870:

> Außerhalb der Kirche kann niemand gerettet werden. Freilich sind nicht alle, die in unüberwindlicher Unwissenheit über Christus und seine Kirche leben, schon aufgrund dieser Unwissenheit ewig zu verdammen. Denn vor den Augen des Herrn

> trifft sie keine Schuld, der will, dass alle Menschen gerettet werden und zur Erkenntnis der Wahrheit gelangen. Er schenkt auch jedem seine Gnade, der sich nach Kräften müht, so dass er die Rechtfertigung und das ewige Leben erreichen kann. Diese Gnade erhält aber keiner, der von der Einheit des Glaubens oder von der Gemeinschaft der Kirche aus eigener Schuld getrennt ist und so aus diesem Leben scheidet. Wer nicht in dieser Arche ist, wird in der Sintflut umkommen.[182]

Die Kirche ist eine *einzige*. In Anlehnung an Epheser 4,3-6 wird im Katechismus die Einheit der Kirche folgendermaßen begründet: »Sie hat nur *einen* Herrn, bekennt nur *einen* Glauben, geht aus *einer* einzigen Taufe hervor, bildet nur *einen* Leib, wird von einem einzigen Geist beseelt auf eine einzige Hoffnung hin; ist diese einmal erfüllt, dann werden alle Trennungen überwunden sein« (KKK Nr. 866). Die Einheit der Kirche ist zunächst eine innere, unsichtbare Größe, bestehend aus all jenen, die zu Jesus Christus als dem Haupt des Leibes gehören. Sie ist aber auch eine sichtbare Größe, die ihre Zusammenfassung im Amt des »Nachfolgers Petri«, des Papstes als dem sichtbaren Haupt der Kirche auf Erden findet. Die Kirchen, die von dieser sichtbaren Einheit noch getrennt sind, streben doch mehr oder weniger auf das Ziel der katholischen Einheit hin. In ihnen finden sich in unterschiedlichem Maße Elemente der Wahrheit, während die römisch-katholische Kirche die Fülle der Wahrheit und des Heils verkörpert. Das II. Vatikanische Konzil definiert:

> Die einzige Kirche Christi, die wir im Glaubensbekenntnis als die eine, heilige, katholische und apostolische bekennen … in dieser Welt als Gesellschaft verfasst und geordnet, ist verwirklicht in der katholischen Kirche, die vom Nachfolger Petri und den Bischöfen in Gemeinschaft mit ihm geleitet wird. Das schließt nicht aus, dass außerhalb ihres Gefüges vielfältige Elemente der Heiligung und der Wahrheit zu finden sind, die als der Kirche Christi eigene Gaben auf die katholische Einheit hindrängen.[183]

Das II. Vatikanische Konzil unterscheidet *drei Stufen* der Zugehörigkeit oder des Hindrängens zur katholischen Kirche: »Zu dieser katholischen Einheit des Gottesvolkes … sind alle Menschen berufen. Auf verschiedene Weise gehören ihr zu oder sind ihr zugeordnet die katholischen Gläubigen, die anderen an Christus Glaubenden und schließlich alle Menschen überhaupt, die durch die Gnade Gottes zum Heile berufen sind.«[184] Die katholischen Christen sind »der Gemeinschaft der Kirche voll eingegliedert«. Mit den anderen Christen, »die als Getaufte mit dem christlichen Namen geziert sind, den vollständigen Glauben aber nicht bekennen oder die Gemeinschaft unter dem Nachfolger des Petrus nicht wahren, weiß sich die Kirche aus mehreren Gründen verbunden«. Viele von diesen halten z.B. »die Schrift als Glaubens- und Lebensnorm in Ehren, zeigen einen aufrichtigen religiösen Eifer, glauben in Liebe an Gott«. Sie »empfangen das Zeichen der Taufe« und zum Teil sogar andere Sakramente, wie etwa die orthodoxe Kirche, der »nur wenig fehlt, um zu der Fülle zu gelangen, die zu einer gemeinsamen Feier der Eucharistie des Herrn berechtigt«. Die nicht-katholischen Kirchen stehen somit »in einer gewissen, wenn auch nicht vollkommenen Gemeinschaft mit der katholischen Kirche«.[185]

Die anderen Religionen

Der Anspruch der römisch-katholischen Kirche geht aber noch weiter. Sie betrachtet sich als »der Ort, an dem die Menschheit ihre Einheit und ihr Heil wiederfinden soll. Sie ist ›die versöhnte Welt‹» (KKK Nr. 845). Deshalb sind auch die *Angehörigen nichtchristlicher Religionen* »auf das Volk Gottes in verschiedener Weise hingeordnet«. Am engsten ist das Verhältnis zum jüdischen Volk, denn dieses besitzt »die Sohnschaft, die Herrlichkeit, die Bundesordnungen, ihm ist das Gesetz gegeben, der Gottesdienst und die Verheißungen, sie haben die Väter und dem Fleisch nach entstammt ihnen der Christus«.

Die nächst engere Verbindung besteht zu den anderen monotheistischen Religionen. So wird (unter Außerachtlassung von Bibelstellen wie Apg 16,30f und 1Jo 2,22f!) formuliert: »Die Heilsabsicht umfasst auch die, welche den Schöpfer anerkennen, unter ihnen besonders die Muslime, die sich zum Festhalten am Glauben Abrahams bekennen und mit uns den einzigen Gott anbeten, den barmherzigen, der die Menschen am Jüngsten Tag richten wird«.

Und schließlich wird unter Berufung auf den ersten Glaubensartikel (»Gott der Schöpfer«) von einer »Verbindung der Kirche mit den nichtchristlichen Religionen« überhaupt gesprochen, die »im gemeinsamen Ursprung und Ziel des Menschengeschlechts« liege. Die Religionen suchen »in Schatten und Bildern« nach Gott. In ihnen findet sich neben »Grenzen und Irrtümern« doch »Wahres und Gutes«. Dieses Wahre und Gute betrachtet die Kirche »als Vorbereitung für die Frohbotschaft und als von dem gegeben … der jeden Menschen erleuchtet, damit er schließlich das Leben habe«.[186]

Die Verlautbarungen des II. Vatikanums zum Ökumenismus waren teilweise von Karl Rahners 1961 vorgetragener Ansicht über die *»anonymen Christen«* in anderen Religionen beeinflusst und wurden auf dem Konzil heftig diskutiert.[187] Die Spannung zwischen katholischer Exklusivität, christlichem Missionsauftrag und ökumenischer Universalität wird z. B. in folgender zusammenfassender Formulierung aus dem Dekret über die Missionstätigkeit der Kirche »Ad gentes« (1965) deutlich:

> Wenngleich Gott Menschen, die das Evangelium ohne ihre Schuld nicht kennen, auf Wegen, die er weiß, zum Glauben führen kann, ohne den es »unmöglich« ist, ihm »zu gefallen« (Hebr 11,6), so liegt doch auf der Kirche die Notwendigkeit und zugleich das heilige Recht der Verkündigung der Frohbotschaft.[188]

Die heilige, katholische Kirche

Die Kirche ist nicht nur *eine*, sondern sie ist auch *heilig*. Sie ist von Christus erwählt und ausgesondert als das »heilige Volk Gottes«. Sie besitzt die Fülle der sakramentalen Heilsmittel. Sie vertraut auf die Fürsprache der vollendeten »Heiligen« und besonders der »Gottesmutter« Maria aus dem Jenseits. Weil in ihrem Schoß Sünder sind, ist sie zugleich heilig und erneuerungsbedürftig. So wird im Katechismus definiert:

> Die Kirche ist heilig: Der heilige Gott ist ihr Urheber; Christus, ihr Bräutigam, hat sich für sie hingegeben, um sie zu heiligen; der Geist der Heiligkeit belebt sie. Zwar gehören ihr auch Sünder an, doch ist sie »die Sündenlose, die aus Sündern besteht«. In den Heiligen erstrahlt ihre Heiligkeit; in Maria ist sie schon vollkommen heilig (KKK Nr. 867).

Vor allem aber ist die Kirche *katholisch.* »Katholisch« kommt vom griech. »katholikos« = »das Ganze betreffend«, »allumfassend«. Seit Augustin wird der Begriff im geografischen Sinn (»über die ganze Erde verbreitet«), im numerischen Sinn (»zahlenmäßig die größte Kirche«) und im zeitlich-geschichtlichen Sinn (»was überall und immer von allen geglaubt worden ist«; vgl. Vinzenz von Lerinum) verwendet.

Auch das II. Vatikanische Konzil und der von ihm geprägte Katechismus von 1993 nennen den quantitativen (geografischen, numerischen und geschichtlichen) Aspekt:

> Zum neuen Volk Gottes werden alle Menschen gerufen. Deswegen muss dieses Volk eines und ein einziges bleiben und sich über die ganze Welt und durch alle Zeiten hin ausbreiten ... Diese Eigenschaft der Universalität, die das Volk Gottes auszeichnet, ist eine Gabe des Herrn selbst, mit deren Hilfe die katholische Kirche tatkräftig und stetig danach strebt, die ganze Menschheit mit all ihren Gütern unter dem Haupt Christus zusammenzufassen in der Einheit seines Geistes.[189]

Wichtiger erscheint nun aber der qualitative, geistliche Aspekt des »Katholischen«, der folgendermaßen definiert wird: Die Kirche »ist katholisch, weil in ihr Christus zugegen ist. ›Wo Jesus Christus ist, da ist die katholische Kirche‹» (KKK Nr. 830; Zitat im Zitat: Ignatius von Antiochia, Smyrn. 8,2). »Katholisch« wird hier freilich im konfessionellen Sinne (»römisch-katholisch«) verstanden, denn nur die römisch-katholische Kirche als Ursakrament, als mystischer Leib Christi ist es, welche »die Fülle der Mittel zum Heil« besitzt, nämlich »das richtige und ganze Glaubensbekenntnis, das vollständige sakramentale Leben und das geweihte Dienstamt in der apostolischen Sukzession« (KKK Nr. 830). Nach diesem Selbstverständnis der römisch-katholischen Kirche ist es unerlässlich, dass die anderen Kirchen auf die Einheit mit ihr zustreben, um auch zur Fülle des katholischen Glaubens und Heils zu gelangen (Rückkehr-Ökumene!).

Die einzige apostolische Kirche

Die Kirche ist schließlich *apostolisch*, und zwar in dreifacher Hinsicht. Zum ersten ist sie »gegründet auf das Fundament der Apostel und Propheten«, also der ersten, von Jesus selbst erwählten Jünger (Apostolizität des Ursprungs – apostolicitas originis; vgl. Eph 2,20). – Zum zweiten ist ihr aufgetragen, die apostolische Lehre zu bewahren und weiterzugeben, wofür ihr der Beistand des Heiligen Geistes verheißen ist (Apostolizität der Lehre – apostolicitas doctrinae; vgl. Mt 28,19f; 1Tim 1,13f). – Zum dritten steht sie mit den Uraposteln in einer geistlichen Gemeinschaft, indem von diesen ausgehend in einer ununterbrochenen Kette bis heute ihren Nachfolgern, den Bischöfen, unter Handauflegung bei der Weihe die Fülle des Heiligen Geistes und damit die Bevollmächtigung zu ihrem Amt übertragen wurde (Apostolizität der Sukzession – apostolicitas successionis).

Während sich für die ersten beiden Formen der Apostolizität leicht biblische Belege beibringen lassen, fällt dies bei der Annahme einer apostolischen Sukzession allerdings schwer. Neutestamentliche Apostolizität setzte in der Regel Augenzeugenschaft des Lebens Jesu voraus und war unübertragbar (Apg 1,15ff). Gott hat für keinen seiner Apostel (außer für den Verräter Judas Iskariot; Apg 1) Nachfolger einsetzen lassen, auch nicht für den Apostel Petrus.

Anders die römisch-katholische Kirche. In ihr kommt dem *Papst* als dem »Nachfolger des Apostels Petrus« und dem »Stellvertreter Christi auf Erden« die Leitungs-, Lehr- und Rechtsprechungsgewalt sowie – unter bestimmten Bedingungen – das Charisma der Unfehlbarkeit zu. Der Papst (griech./lat. »papa« = Vater) ist der Bischof von Rom und zugleich das Oberhaupt der katholischen Kirche. Ihm eignet angeblich die Fülle des Heiligen Geistes sowie die höchste Priester-, Lehr- und Leitungsgewalt. Deshalb führt er Bezeichnungen wie »Summus Pontifex« (»Oberster Priester«), »Catholicae Ecclesiae Episcopus« (»Bischof der Katholischen Kirche«) oder »Sanctitas Sua« (»Seine Heiligkeit«).

In der Vatikanzeitung Osservatore Romano vom 8. 8. 2003, S. 4, werden folgende Titel des Papstes aufgezählt:

> Bischof von Rom, Statthalter Jesu Christi, Nachfolger des Apostelfürsten, Oberhaupt der Gesamtkirche, Patriarch des Abendlandes, Primas von Italien, Erzbischof und Metropolit der Kirchenprovinz Rom, Souverän des Staates der Vatikanstadt, Diener der Diener Gottes.

Begründet wird dieser ungeheuerliche Anspruch mit den Stellen Matthäus 16,18f, Lukas 22,31f und Johannes 21,15ff, obwohl hier genauso wie in der Bibel insgesamt nirgends etwas von einem Nachfolger des Apostels Petrus als Bischof von Rom steht. Die älteste kirchenamtliche Erklärung über den Vorrang des Bischofs von Rom sowie die Sukzession des Petrusamtes wurde im Jahre 431 auf dem Konzil von Ephesus abgegeben:

> Niemand bezweifelt, denn es ist allen Zeiten bekannt, dass der heilige und seligste Petrus, der Fürst und das Haupt der Apostel, die Säule des Glaubens, die Grundfeste der katholischen Kirche, von unserem Herrn Jesus Christus, dem Heiland und Erlöser des Menschengeschlechtes, die Schlüssel des Reiches empfing. Und er lebt bis auf diese Zeit und immerdar in seinen Nachfolgern, den Bischöfen des Heiligen Römischen Stuhls, der von ihm selbst gegründet und mit seinem Blut geweiht ist. Da führt er den Vorsitz und übt das Richteramt aus.[190]

Das I. Vatikanische Konzil belegt jeden mit dem Ausschluss, der dies nicht annimmt:

> Wer also behauptet: nicht aufgrund der Einsetzung von Christus dem Herrn selber, d. h. aufgrund göttlichen Rechts habe der heilige Petrus seine beständigen Nachfolger im Vorrang über die gesamte Kirche, oder: der Bischof von Rom sei nicht der Nachfolger Petri in diesem Vorrang, der sei ausgeschlossen.[191]

Der Anspruch des Papstes

Die Bulle »Unam sanctam« von Papst Bonifaz VIII. aus dem Jahre 1302 erklärte die *Unterwerfung unter den Papst für heilsnotwendig*: »Dem römischen Papst sich zu unterwerfen, ist für alle Menschen unbedingt zum Heile notwendig: Das erklären, behaupten, bestimmen und verkünden Wir«[192] Der päpstliche Primat wurde in klassischer Weise auf dem Konzil von Florenz im Jahre 1439 definiert:

> Wir bestimmen, dass der Heilige Apostolische Stuhl und der römische Bischof den Vorrang über den ganzen Erdkreis innehat, weiter, dass dieser römische Bischof Nachfolger des heiligen

> Petrus, des Apostelfürsten, wahrer Stellvertreter Christi, Haupt der gesamten Kirche und Vater und Lehrer aller Christen ist; dass ihm im heiligen Petrus die volle Gewalt, die ganze Kirche zu weiden, zu regieren und zu verwalten von unserem Herrn Jesus Christus übergeben ist.[193]

Der Papst übt die *höchste Priester-, Leitungs-, Lehr- und Rechtsprechungsgewalt* aus. Die Priestergewalt kommt ihm gemeinsam mit den Priestern und Bischöfen zu, die Leitungs- und Lehrgewalt gemeinsam mit den Bischöfen, aber unter seiner Oberleitung, die Rechtsprechungsgewalt besitzt er allein. Schranken für letztere sind nur die durch das kirchliche Lehramt bereits festgestellten und unwiderruflichen Dogmen sowie das geltende Kirchenrecht. Die Jurisdiktionsgewalt des Papstes bezieht sich sowohl auf Fragen des Glaubens und der Sitte als auch auf die Leitung und Ordnung der Gesamtkirche, also Verwaltung, Gesetzgebung und Rechtsprechung.

Darüber hinaus gilt der Papst als oberster Richter aller Gläubigen. Seine Jurisdiktionsgewalt ist unabhängig vom weltlichen Recht und seinen Trägern, vielmehr können sich diese (z.B. Staatsoberhäupter) nach katholischem Rechtsverständnis an ihn wenden und sein Urteil erbitten, was heute freilich selten geschieht. Im »Ersten Lehrentscheid über die Kirche Christi« des I. Vatikanischen Konzils heißt es u.a.:

> Der römische Bischof ist der oberste Richter aller Gläubigen, und man kann in allen Streitsachen, die kirchlicher Untersuchung zustehen, an dieses Gericht Berufung einlegen. Über das Urteil des Apostolischen Stuhls jedoch darf niemand aufs Neue verhandeln, da es keine höhere Amtsgewalt gibt, und niemandem ist es erlaubt, über dieses Gericht zu richten.[194]

Neu kam auf dem I. Vatikanischen Konzil das Dogma von der *»päpstlichen Unfehlbarkeit«* hinzu. Es wurde ganz offensichtlich als papalistische Gegenreaktion auf den schwindenden politischen Einfluss des Vatikans formuliert, seit 1859 der italienische Einheitsstaat im Entstehen war und die Kurie zunehmend in ihren Rechten beschnitt. Wenige Wochen nach der Verkündigung des Unfehlbarkeitsdogmas am 18. Juli 1870 ging denn auch der

Kirchenstaat unter (am 20. September 1870). Papst Pius IX. hatte dieses Dogma gegen den Willen einer Minderheit von Bischöfen und katholischen Hochschulprofessoren durchgedrückt. Ein Teil von diesen gründete daraufhin die Altkatholische Kirche. Das Dogma lautet:

> Wenn der römische Bischof in höchster Lehrgewalt (ex cathedra) spricht, das heißt, wenn er seines Amts als Hirte und Lehrer aller Christen waltend in höchster, apostolischer Amtsgewalt endgültig entscheidet, eine Lehre über Glauben oder Sitten sei von der ganzen Kirche festzuhalten, so besitzt er aufgrund des göttlichen Beistandes, der ihm im heiligen Petrus verheißen ist, jene Unfehlbarkeit, mit der der göttliche Erlöser seine Kirche bei endgültigen Entscheidungen in Glaubens- und Sittenlehren ausgerüstet haben wollte. Diese endgültigen Entscheidungen des römischen Bischofs sind daher aus sich und nicht aufgrund der Zustimmung der Kirche unabänderlich. Wenn sich jemand – was Gott verhüte – herausnehmen sollte, dieser unserer endgültigen Entscheidung zu widersprechen, so sei er ausgeschlossen.[195]

Auf dem II. Vatikanischen Konzil wurde zwar das Bischofskollegium gegenüber dem Papst aufgewertet, blieb aber doch dem Primat des Papstes unterstellt: »Das Bischofskollegium ist Nachfolger des Apostelkollegiums, es hat, zusammen mit dem Papst, dieselbe Vollmacht wie der Nachfolger Petri. Diese Vollmacht wird deshalb nicht vom Papst erteilt. Dennoch ist der Papst mitkonstituierendes Glied des Bischofskollegiums, und zwar so, dass ohne ihn das Bischofskollegium seine Vollmacht verliert.«[196]

Im Blick auf die Unfehlbarkeit wird definiert:

> Die einzelnen Bischöfe besitzen zwar nicht den Vorzug der Unfehlbarkeit. Wenn sie aber, in der Welt räumlich getrennt, jedoch in Wahrung des Gemeinschaftsbandes untereinander und mit dem Nachfolger Petri, authentisch in Glaubens- und Sittensachen lehren und eine bestimmte Lehre übereinstimmend als endgültig verpflichtend vortragen, so verkündigen sie auf unfehlbare Weise die Lehre Christi. Dies ist noch offenkundiger der Fall, wenn sie auf einem ökumenischen Konzil vereint für die ganze Kirche Lehrer und Richter des Glaubens und der

> Sitten sind … Die der Kirche verheißene Unfehlbarkeit ist auch in der Körperschaft der Bischöfe gegeben, wenn sie das oberste Lehramt zusammen mit dem Nachfolger Petri ausübt.[197]

Dass es *fehlbare Entscheidungen des kirchlichen Lehramtes* gab (und gibt), kann von der katholischen Kirche nicht bestritten werden. Man versucht sich zu behelfen, indem man ex-cathedra-Verlautbarungen von anderen kirchlichen Stellungnahmen unterscheidet und ein »Wachstum des Verständnisses« gegenüber manchen Verlautbarungen postuliert, die zunächst als fehlbar galten. Während gegenüber dogmatisierten Entscheidungen absoluter Glaubensgehorsam gefordert wird, solle man vorläufige Lehräußerungen positiv würdigen und sich aneignen. So heißt es in einem »Schreiben der Deutschen Bischöfe an alle, die von der Kirche mit der Glaubensverkündigung beauftragt sind« vom 22. 9. 1967:

> Dass der kirchlichen Lehrautorität bei der Ausübung ihres Amtes Irrtümer unterlaufen können und unterlaufen sind … hat die Kirche immer gewusst, in ihrer Theologie auch gesagt und Verhaltensregeln für eine solche Situation entwickelt. Diese Irrtumsmöglichkeit bezieht sich nicht auf solche Lehrsätze, die durch eine feierliche Definition des Papstes oder des Allgemeinen Konzils oder durch das ordentliche Lehramt als mit absoluter Glaubenszustimmung zu umfassen verkündigt werden. Es ist auch geschichtlich unrichtig, zu behaupten, dass sich nachträglich in solchen Dogmen der Kirche ein Irrtum herausgestellt habe. Damit wird natürlich nicht bestritten, dass auch bei einem Dogma unter Aufrechterhaltung seines ursprünglichen Sinnes ein Wachstum seines Verständnisses unter Abgrenzung gegenüber vorher vielleicht mitlaufenden Missverständnissen immer möglich und immer notwendig ist … Ernsthafte Bemühung, auch eine vorläufige Lehräußerung der Kirche positiv zu würdigen und sich anzueignen, gehört zur richtigen Glaubenshaltung eines Katholiken.[198]

Was die *Lehre* angeht, sei abschließend zu dieser kurzen Darstellung der katholischen Kirche betont: Die römisch-katholische Kirche hat viele Sonderlehren eingeführt, die sich nicht durch klare Aussagen der Heiligen Schrift belegen lassen, sondern die im

Widerspruch zu Gottes Wort stehen, so etwa die folgenden, nach Jahreszahlen geordnet:

- 355: Der römische Bischof beansprucht: Er sei der Papst, der direkte Nachfolger des Apostelfürsten Petrus.
- 375: Heiligenverehrung (nach Röm 1,25 Götzendienst) wird offiziell eingeführt.
- 397: Als Folge davon entwickelt sich der Reliquienkult (Überreste von verstorbenen Bischöfen und Heilig gesprochenen werden als wundertätig verehrt; magisches Denken).
- 431: Maria, die Mutter Jesu, wird als »Mutter Gottes« oder »Gottesgebärerin« dogmatisiert.
- 529: Es bilden sich die ersten Mönchsorden (Benediktiner) in Italien.
- 550: Einführung des »Sterbesakraments« (letzte Ölung)
- 592: Behauptung eines »Fegefeuers« nach dem Tod
- 688: Kreuze aus Holz, Stein oder anderen Materialien sollen angebetet werden.
- 715: Heilige sollen im »Gebet« angerufen werden können (nach 3Mo 19,31 Spiritismus).
- 787: Bilder können verehrt werden (entgegen dem Bilderverbot aus 2Mo 20,4).
- 1074: Die Priester sollen ehelos bleiben (Zölibat; entgegen 1Tim 4,1-5; 1Kor 9,5).
- 1100: Seelenmessen für Verstorbene werden eingeführt.
- 1115: Der Ablass wird eingeführt (Freikauf von zeitlichen Sündenstrafen aus dem Fegefeuer durch Bußleistungen oder Geld).
- 1208: Das Rosenkranzbeten wird eingeführt (»Gebet« zu Maria; Spiritismus).
- 1215: Die Transsubstantiationslehre wird dogmatisiert (substantielle Verwandlung des Brotes und Weines in den Leib und das Blut Jesu Christi zur Sündenvergebung).
- 1246: Einführung von »Fronleichnam« (Verehrung des »Leibes Christi« bzw. der Hostie im Tabernakel).
- 1414: Der Wein wird dem Kirchenvolk vorenthalten, es bekommt nur noch die Hostie (das Brot) – gegen Mt 26,27: »Trinket alle daraus!«.
- 1545: Tridentinisches Konzil mit folgenden Beschlüssen der ka-

tholischen Kirche. Unter anderem: 1563: 1. Wer behauptet, allein durch den Glauben werde der Sünder gerechtfertigt, der sei ausgeschlossen! (aus der Kirche, von der Erlösung) 2. Wer behauptet, die empfangene Gerechtigkeit werde nicht vor Gott durch gute Werke vermehrt, sondern diese Werke seien nur Früchte und Zeichen der erlangten Rechtfertigung, der sei ausgeschlossen! 1564: Die Apokryphen werden zum Wort Gottes erklärt.

- 1854: Unbefleckte Empfängnis Marias wird dogmatisiert (Maria habe Jesus geboren, weil sie selbst sündlos war. Wäre Maria sündig gewesen, hätte auch Jesus Sünden gehabt) – gegen Röm 3,10: »Da ist keiner, der gerecht ist, nicht einer!«
- 1871: Die »Unfehlbarkeit« des Papstes wird behauptet und dogmatisiert (s.o.).
- 1950: Maria sei leibhaftig zum Himmel aufgefahren (Mariä Himmelfahrt) (findet sich nirgends in der Heiligen Schrift)

***Zitate aus dem Dekret über den Ökumenismus** (EB und HWD)*

Mit dem II. Vatikanischen Konzil (1962–1965) öffnete sich die römisch-katholische Kirche erstmals für die ökumenische Bewegung. In ihrer Einleitung zum »Dekret über den Ökumenismus« schreiben die katholischen Theologen Rahner und Vorgrimler:

> Der Begriff »Ökumenismus« meint die »Ökumenische Bewegung« die sich mit dem Fernziel der Wiederherstellung der kirchlichen Einheit der Christen erst in diesem Jahrhundert gebildet hat ... Es handelt sich auch tatsächlich um jene Bewegung, die konkret außerhalb der katholischen Kirche aufbrach ... und der sich nun die katholische Kirche amtlich durch das Konzil anschließt.[199]

In vielen Dekreten des Konzils geht es um die Ökumene und das Verhältnis der römischen Kirche zu anderen Christen, anderen Religionen und der ganzen Menschheit, allen voran das »Dekret über den Ökumenismus«. Dass die katholische Kirche damit jedoch eine Rückkehr-Ökumene aller Christen unter ihr Dach anstrebt, wird aus der folgenden Zitatensammlung deutlich:[200]

Position 1
»Die Einheit aller Christen wiederherstellen zu helfen, ist eine der Hauptaufgaben des Heiligen Ökumenischen Zweiten Vatikanischen Konzils … Der Herr der Geschichte aber, der seinen Gnadenplan mit uns Sündern in Weisheit und Langmut verfolgt, hat in jüngster Zeit begonnen, über die gespaltene Christenheit ernste Reue und Sehnsucht nach Einheit reichlich auszugießen … Auch unter unseren getrennten Brüdern ist unter der Einwirkung der Gnade des Heiligen Geistes eine sich von Tag zu Tag ausbreitende Bewegung zur Wiederherstellung der Einheit aller Christen entstanden.«

Position 3
»Dennoch erfreuen sich die von uns getrennten Brüder … nicht jener Einheit … die die Heilige Schrift und die verehrungswürdige Tradition der Kirche kennt. Denn nur durch die katholische Kirche Christi, die das allgemeine Hilfsmittel des Heiles ist, kann man Zutritt zu der ganzen Fülle des Heils haben. Denn einzig dem Apostelkollegium, an dessen Spitze Petrus steht, hat der Herr, so glauben wir, alle Güter des Neuen Bundes anvertraut, um den einen Leib Christi auf der Erde zu konstituieren, welchem alle völlig eingegliedert werden müssen, die schon auf irgendeine Weise zum Volke Gottes gehören.«

Position 4
»[Es ist zu erstreben, dass] die Hindernisse, die sich der völligen kirchlichen Gemeinschaft entgegenstellen, überwunden und alle Christen zur selben Eucharistiefeier, zur Einheit der einen und einzigen Kirche versammelt werden, die Christus seiner Kirche von Anfang an geschenkt hat, eine Einheit, die nach unserem Glauben unverlierbar in der katholischen Kirche besteht …«

Position 22
»Der Mensch wird durch das Sakrament der Taufe … wiedergeboren zur Teilhabe am göttlichen Leben … Die Taufe begründet also ein sakramentales Band der Einheit zwischen allen, die durch sie wiedergeboren sind. Dennoch ist die Taufe nur ein Anfang und Ausgangspunkt, da sie ihrem ganzen Wesen nach hinzielt auf die Erlangung der Fülle des Lebens in Christus. Daher ist die Taufe

hingeordnet auf ... die vollständige Einfügung in die eucharistische Gemeinschaft.«

Position 24
»Das Heilige Konzil mahnt die Gläubigen, jede Leichtfertigkeit wie auch jeden unklugen Eifer zu meiden, die dem wahren Fortschritt der Einheit nur schaden können. Ihre ökumenische Betätigung muss ganz und echt katholisch sein, das heißt in Treue zur Wahrheit, die wir von den Aposteln und den Vätern empfangen haben, und in Übereinstimmung mit dem Glauben, den die katholische Kirche immer bekannt hat ...«

Zitate aus der Enzyklika »Für die Einheit der Christen« (EB und HWD)

Im Jahre 1995 veröffentlichte Papst Johannes Paul II. die Enzyklika »Für die Einheit der Christen. Enzyklika *Ut unum sint – Dass sie eins seien. Über den Einsatz für die Ökumene.*« Folgende Zitate daraus geben Aufschluss, dass der Papst und der Katholizimus nur eine Rückkehr-Ökumene unter das Dach des Vatikan gelten lassen.[201]

Posistion 3
»Mit dem II. Vatikanischen Konzil hat sich die katholische Kirche unumkehrbar verpflichtet, den Weg der Suche nach der Ökumene einzuschlagen ...«

Position 7
»Diese Einheitsbewegung, die man als ökumenische Bewegung bezeichnet, wird von Menschen getragen, die den dreieinigen Gott anrufen und Jesus als Herrn und Erlöser bekennen ... Fast alle streben ... zu einer einen, sichtbaren Kirche Gottes hin ...«

Position 10
»Das Konzil sagt, dass die ›Kirche Christi‹ in der katholischen Kirche verwirklicht ist ... Daher sind die getrennten Kirchen und Gemeinschaften trotz der Mängel, die ihnen anhaften, nicht ohne Bedeutung und Gewicht im Geheimnis des Heils.«

Position 23
»Doch trotz unserer Spaltungen befinden wir uns auf dem Weg zur vollen Einheit, jener Einheit, die die apostolische Kirche in ihren Anfängen kennzeichnet und nach der wir eifrig suchen.«

Position 86
»Die Konstitution »Lumen gentium« schreibt in einer Grundsatzaussage ... dass die einzige Kirche Christi in der katholischen Kirche fortbestehe ... Die volle Einheit wird dann Wirklichkeit werden, wenn alle an der Fülle der Heilsmittel teilhaben werden, die Christus seiner Kirche anvertraut hat.«

Position 88
»Unter allen Kirchen und kirchlichen Gemeinschaften ist sich die katholische Kirche bewusst, das Amt des Nachfolgers des Apostels Petrus, des Bischofs von Rom, bewahrt zu haben, den Gott als ›immerwährendes und sichtbares Prinzip und Fundament der Einheit‹ eingesetzt hat.«

Position 94
»Ich bin überzeugt, diesbezüglich eine besondere Verantwortung zu haben, vor allem wenn ich die ökumenische Sehnsucht der meisten christlichen Gemeinschaften feststelle und die an mich gerichtete Bitte vernehme, eine Form der Primatstellung zu finden, die zwar keineswegs auf das Wesentliche ihrer Sendung verzichtet, sich aber einer neuen Situation öffnet.«

Position 97
»Die katholische Kirche hält sowohl in ihrer Praxis wie in den offiziellen Texten daran fest, dass die Gemeinschaft der Teilkirchen mit der Kirche von Rom und die Gemeinschaft ihrer Bischöfe mit dem Bischof von Rom ein grundlegendes Erfordernis – im Plan Gottes – für die volle und sichtbare Gemeinschaft ist. In der Tat muss die volle Gemeinschaft, deren höchste sakramentale Bekundung die Eucharistie ist, ihren sichtbaren Ausdruck in einem Amt finden, in dem alle Bischöfe sich vereint in Christus anerkennen und alle Gläubigen die Stärkung ihres Glaubens finden. Der erste Teil der Apostelgeschichte stellt uns Petrus als den vor, der im Namen der Apostelgruppe spricht und der Einheit der Gemeinschaft

dient ... Diese Aufgabe des Petrus muss in der Kirche bestehen bleiben, damit sie unter ihrem einzigen Haupt, das Christus Jesus ist, in der Welt die sichtbare Gemeinschaft aller seiner Jünger ist.

Ist es nicht vielleicht ein Dienstamt dieser Art, über dessen Notwendigkeit sich heute viele von denen äußern, die sich im Ökumenismus engagieren? Den Vorsitz in der Wahrheit und in der Liebe führen, damit das Boot – das schöne Symbol, das der ÖRK zu seinem Emblem gewählt hat – nicht von den Stürmen zum Kentern gebracht wird und eines Tages sein Ufer erreichen kann.«

Im Nachwort zur Enzyklika (S. 72) zitiert Prof. Remigius Bäumer bestätigend die Enzyklika *Mortalium animos* von Pius XI. aus dem Jahre 1928:

»Die Einheit, wie Christus sie will, kann nicht *mit*, sondern nur *in* der katholischen Kirche wiederhergestellt werden.«

Anhang 2
Zitate zur ökumenischen Bewegung

Dr. Martyn Lloyd-Jones über »damit sie alle eins seien« (Joh 17,21)[202]

»Vor allem dürfen wir nicht übersehen, in welchem Zusammenhang der Satz gesagt wird … Doch eben das ist der Fehler, den die Vertreter der ökumenischen Bewegung mit dem genannten Vers begehen. Er wird aus seinem Zusammenhang gerissen und wie ein Schlagwort verwendet …

Sie, um die es bei seiner Darstellung der Einheit geht, sind nicht irgendwelche Leute, die zufällig in einem bestimmten Land aufgewachsen sind, zu einer besonderen Rasse oder Nation gehören oder sich irgendeiner sichtbaren Kirche angeschlossen haben. Es sind vielmehr diejenigen, die sein Wort angenommen haben. Sein Wort, das heißt seine Lehre und insbesondere das, was er von sich selbst gelehrt hat. Sie haben erkannt, wer er ist und dass er von Gott gesandt wurde, um dieses Werk für sie zu tun. Das ist es, was sie geglaubt und angenommen haben. So charakterisiert der Herr selbst *sie*. Die Einheit, von der er spricht, ist also gewissermaßen nur auf jene anwendbar, die das Wort, das wir heute das *Evangelium* nennen, annehmen und glauben …

Außer dem auf solche Weise grundlegenden Wirken des göttlichen Geistes, der in den an ihn Glaubenden eine neue Natur schafft, gibt es keinerlei Einheit im Sinne unseres Herrn. Diese Einheit ist es dann aber, die zur Übereinstimmung hinsichtlich der Ansichten, des Ziels, der Liebe usw. führt.

Die Einheit, von der unser Herr spricht, ist somit eine Einheit, die verständlicherweise nur unter denjenigen bestehen kann, die zu neuem Leben erweckt und wiedergeboren worden sind. Sie hat, um es deutlich auszusprechen, nichts mit einer Interessengemeinschaft zu tun, wo man sich entschließt, einen Verein oder eine Gesellschaft zu gründen, um gewisse Ziele und Absichten zu vertreten und zu Stande zu bringen … Die wahre Einheit ist mit einem Familienband vergleichbar. Auf die Zugehörigkeit zu unserer Familie und alles, was damit zusammenhängt, haben wir keinen Einfluss. Man wird in sie hineingeboren. Und obwohl man mit Gliedern dieser Familie nicht übereinstimmen mag, kann man die Verwandtschaft doch nicht abschütteln. Es ist eine Einheit des Blutes und des Wesens. So ist auch die Einheit der Gemeinde. Sie hat mit Freiwilligkeit nichts zu tun, sie ist unvermeidlich und das Ergebnis des Hineingeborenseins in Gottes Familie. Christen sind Brüder und nicht nur ein Zusammenschluss von Freunden.«

Weitere Zitate über wahre und falsche Einheit[203]

»Wer von der Wahrheit nichts opfern will, muss bereit sein, der Wahrheit alles zu opfern« (Sören Kierkegaard).

»Zwei oder drei Jünger Jesu oder auch dreißig oder vierzig, die sich im Namen Jesu versammeln, in ihm eins sind, stellen vor der Welt wie auch vor Gott ein so klares, reines und überzeugendes Bild dar, dass die Welt – ob sie mit Hass oder Glauben reagiert – darin die Gesichtszüge Jesu Christi wahrnimmt« (Ralph Shallis).

»Wer Ja zu Christus und zu der Einheit der wahren Gemeinde sagt, der muss Nein sagen zu einer organisatorischen Vereinigung von Kirchen, die auf einem menschlichen Fundament aufgebaut ist, die von einem menschlichen Geist durchströmt ist und ein menschliches Ziel hat« (Dr. Gertrud Wasserzug).

»Ihr Protestanten, die ihr heute eure Freiheiten wie Billigware verschleudert, werdet einmal den Tag verfluchen, an dem ihr euch die alten Ketten wieder an die Knöchel passen ließet. Das Papsttum fesselte und tötete unsere Väter – und wir machen es zu unserer Nationalreligion!« (Charles H. Spurgeon).

»Gesucht werden heute Männer und Frauen, die ihren Überzeugungen von biblischer Wahrheit und Pflicht treu bleiben, auch wenn sie darüber Vermögen, Freunde und das eigene Leben verlieren« (William MacDonald).

»In unserer Generation erleben wir einen starken Trend zur kirchlichen Vereinigung. Er liegt in der Luft – wie die Röteln in Zeiten einer Epidemie – und umschließt uns auf allen Seiten. Die Menschen können sich in allen möglichen Organisationen zusammenschließen, ohne damit der Welt wirkliche Einheit zu beweisen« (Dr. Francis Schaeffer).

»Nichts hat die Einheit der wahren Gläubigen so stark gefördert wie der Bruch mit den Falschen. Trennung von solchen, die fundamentale Irrtümer gewähren lassen oder das ›Brot des Lebens‹ den verderbenden Seelen vorenthalten, ist keine Spaltung, sondern nur das, was die Wahrheit, das Gewissen und Gott von allen erwarten, die treu erfunden werden wollen« (Charles H. Spurgeon).

»Lasst mich euch sehr ernstlich warnen: wenn ihr den Lehren Roms zustimmt, verleugnet ihr das Blut der Märtyrer!« (Dr. Martyn Lloyd-Jones).

Quellen und Anmerkungen

Vorwort

[1] So lautet der Titel eines Hauptvortrags von Chiara Lubich, Gründerin der katholisch-ökumenischen Fokolar-Bewegung.
[2] Fest und treu, 4/02, S. 14.
[3] Aufatmen Winter 2003/2004, S. 81.

Kapitel 1: Was ist »Ökumene«?

[4] Rainer Wagner: *Gemeinde Jesu zwischen Spaltungen und Ökumene. 2000 Jahre Kirchengeschichte aus bibeltreuer Sicht*, Wuppertal 2002, S. 195.
[5] Mt 24,14; Lk 2,1; 4,5-6; 21,26; Apg 11,28; 17,6.31; 19,27; 24,5; Röm 10,18; Hebr 1,6; 2,5; Offb 3,10; 12,9; 16,14.
[6] *Ökumene-Lexikon*, Frankfurt a.M.: Lembeck 1987, Spalte 889.
[7] *Ökumene-Lexikon*, a.a.O., Spalte 891.
[8] Meldung der Nachrichtenagentur ENI vom 9. Januar 2004.
[9] *Betanien-Nachrichten* Nr. 3 vom 15.9.2003.
[10] *Ökumene-Lexikon*, Frankfurt a.M.: Lembeck 1987, S. 831.
[11] Theophil Rehse: *Ökumene – woher und wohin?*, Asslar: Schulte 1983, S. 23.
[12] Ebd., S. 35.
[13] Wagner: *Gemeinde Jesu*, a.a.O., S. 230.
[14] Rehse: *Ökumene – woher und wohin?*, a.a.O., S.88 u. 89.
[15] Ebd., S.46.
[16] Allan Morrison: *Ökumene – das trojanische Pferd in der Gemeinde*, Dillenburg: CVD 1994, S. 50-51. Das Zitat vom II. Vat. Konzil wurde im offiziellen deutschen Wortlaut übernommen aus: Rahner, Vorgrimler: *Kleines Konzilskompendium*, Freiburg: Herder 1966, S. 233.
[17] Rainer Wagner: *Alle in einem Boot*, Bielefeld. CLV 1999, S. 103 u. 105.
[18] Aachens Oberbürgermeister Jürgen Linden im Newsletter von Radio Vatikan, 25. 3. 2004.
[19] Helge Stadelmann: *Die Padua-Erklärung*, in: Bibel und Gemeinde 1/2001, S. 64 u. 67.
[20] Rainer Wagner: *Alle in einem Boot*, a.a.O, S.116.
[21] Johnston: *Umkämpfte Weltmission*, Neuhausen: Stuttgart 1984, S. 140.
[22] Siehe Erhard Berneburg: *Das Verhältnis von Verkündigung und sozialer Aktion in der evangelikalen Missionstheorie*; Wuppertal: Brockhaus 1997, S. 47; vgl. Ökumene-Lexikon, S. 908. Siehe auch Joseph Sittler: *Der kosmische Christus*, 1961. Der Begriff »kosmischer Christus« stammt wohl von der führenden Theosophin Annie Besant. Der zum Hinduismus übergetretenen Autorin ging es um eine esoterische Interpretation des Christentums. Der »kosmische Christus« spielte auch beim Gründer der Anthroposophie, Rudolf Steiner, eine zentrale Rolle. Theologisch wurde der Begriff beim

katholischen New-Age-Theologen Teilhard de Chardin wichtig, später in der ökumenischen und religionstheologischen Diskussion. Auch Jürgen Moltmann und Leonardo Boff haben den »kosmischen Christus« in ihre Christologie integriert (vgl. Werner Thiede: *Wer ist der kosmische Christus? Karriere und Bedeutungswandel einer modernen Metapher*, Göttingen: Vandenhoeck & Ruprecht, 2001).

[23] *Arbeitsbuch für die Vierte Vollversammlung Uppsala 1968*, Genf 1968, S. 99.

[24] Johnston: *Umkämpfte Weltmission*, a.a.O., S.115 und 139

[25] Ebd, S. 140

[26] Ebd, S. 141ff

[27] Pastoralkonstitution »Die Kirche in der Welt von heute« (Gaudium et spes), in: *Kleines Konzilskompendium*, S. 451.

[28] Ebenda, S. 469.

[29] Ebenda, S. 470.

[30] Johannes Dörmann: *Der theologische Weg Johannes Pauls II*, Bd.1 Senden: Sitta 1990, S. 62-63 (Hervorhebungen hinzugefügt)

[31] Ebd., S. 67.

[32] Ebd., S. 107, ein Zitat aus der Antrittsenzyklika von Johannes Paul II.

[33] Ebd., S. 113.

[34] Ebd., S. 107, 118.

[35] Ebd., S. 118.

[36] Johnston: *Umkämpfte Weltmission*, a.a.O., S. 143.

[37] Ebd., S. 84.

[38] Walter Künneth: *Reich Gottes oder Weltgemeinschaft*, Bad Liebenzell: VLM 1975, S. 186.

[39] Ebd., S. 199.

[40] Zitiert in: Paulus Scharff: *Geschichte der Evangelisation*, Gießen: Brunnen, 2. Aufl. 1980, S. 424.

[41] Iain Murray: *Evangelicalism Divided*, Edinburgh: Banner of Truth Trust 2000, S. 50 und 216.

[42] Wolfgang Bühne: *Die Propheten kommen*, S. 164, und M. de Semlyen: Alle Wege führen nach Rom, Bielefeld: CLV 1994, S. 180.

[43] J. Pollock: *Billy Graham*, Weichs: Memra 1985, S. 127.

[44] Rainer Wagner: *Alle in einem Boot*, a.a.O., S. 116.

[45] Siehe dazu: Jens Grapow: *ProChrist – wohin?* Bielefeld, CLV 2002; G.A. Pritchard: *Willow Creek – Kirche der Zukunft?*, Bielefeld: CLV 1997, Patrick Tschui: *Die Alpha-Welle*, Oerlinghausen: Betanien 2003.

Kapitel 2: Die Charta Oecumenica

[46] TOPIC 5/2001.

[47] *Arbeitshilfe*, Frankfurt a.M.: ACK 2002, Punkt 2, Seite 12.

[48] Ebd., Punkt 1, Seite 11.

[49] Ebd., Seite 23f.

[50] Ebd., Seite 70.

[51] Ebd., Punkt 11, Seite 21.

[52] Ebd., S. 25, 42, 47, 53, 70.

[53] Lothar Gassmann: *Frieden in Gerechtigkeit durch Welteinheit? Basel '89 und der konziliare Prozess*, Bad Liebenzell: VLM 1989.

[53a] Eugen Lennhoff/Oskar Posner, Internationales Freimaurerlexikon, Wien/München 1932, S. 15 u. 23.

[53b] Manfred Adler: *Die antichristliche Revolution der Freimaurerei*, Jestetten, 2. Aufl. 1975, S. 14 u. 67.

Kapitel 3: Marias Rolle in der Ökumene

[54] Dies wird auch von kath. Seite zugegeben, z.B. in Graef, H., *Maria. Eine Geschichte der Lehre und Verehrung*, Freiburg: Herder, 1964, mit Imprimatur.

[55] Epiphanios von Salamis in Epiph. *hear. 11.24.*

[56] Karwiese, Stefan: *Groß ist die Artemis von Ephesus*, Wien: Phoibos, 1995, S. 97.

[57] Heussi, Karl, *Kompendium der Kirchengeschichte*, Tübingen: J.C.B. Mohr, [12]1960, S. 110.

[58] Zur ausführlicheren Beschäftigung mit diesem Thema kann empfohlen werden: Hislop, A., *Von Babylon nach Rom* (Bielefeld, CLV, 1997 – aus evangelikaler Sicht); Jenny-Kappers, T., *Muttergöttin und Gottesmutter in Ephesus. Von Artemis zu Maria*, Zürich: Daimon, 1986 – aus katholischer Sicht.

[59] *Propyläen Weltgeschichte*, Bd. 4*: Die römische Welt*, Berlin, Propyläen, 1960-64), S. 471.

[60] Jenny-Kappers, T., *Muttergöttin und Gottesmutter in Ephesus*, a.a. O., S. 70.

[61] Graef, H., *Maria – Eine Geschichte der Lehre und Verehrung*, a.a.O., S. 123.

[62] Ebd., S. 125.

[63] Ebd., z.B. S. 321.

[64] Thomas Pinzka: »Der Sternenkranz ist die Folge eines Gelübdes«, in *Die Welt*, 26. 8. 1998.

[65] E.M. Slade: *Maria. Die unbekannten Seiten der »Mutter Gottes«*, Wuppertal: Verlag für Reformatorische Erneuerung 2002, S. 106-107.

[66] In zwei bibeltreuen Publikationen wurde ausführlich gezeigt, dass die Botschaften der »Marienerscheinungen« klar der Bibel widersprechen und daher nicht göttlichen Ursprungs sein können: Eva-Maria Slade: *Maria*, a.a.O., und Timothy Kauffmann, Hans-Werner Deppe: *Marias Botschaft an die Welt. Marienerscheinungen und die Bibel*, Bielefeld: CLV 1999.

[67] Enzyklika *Ecclesia de eucharistia* (»Die Kirche lebt von der Eucharistie«), 2003, Pos. 57.

[68] Ebd. Pos. 58.

[69] Otto Markmann: *Irrtümer der katholischen Kirche*, S. 51.

[70] Belege siehe: Erich Brüning, Harry Graf : *Freimaurerei – Wolf im Schafspelz*. Berneck: Schwengeler 2001, S. 400f.

[71] Siehe ebd.

[72] Otto Markmann: *Irrtümer der katholischen Kirche*, S. 50-51.

[73] Newsletter des katholischen Nachrichtendienstes Zenit.org vom 28. März 2004.

[74] Position 59, zitiert nach: Rahner, Vorgrimler: *Kleines Konzilskompendium*, Freiburg: Herder 1966, S. 191.

[75] Slade: *Maria*, a.a.O., S. 87 (Hervorhebung im Original).
[76] Alle 5 Zitate aus: Hierzenberger, Nedomansky: *Erscheinungen und Botschaften der Gottesmutter Maria*, Augusburg: Bechtermünz 1996, S. 43, 289, 484, 448, 459, 318.
[77] Otto Markmann: *Irrtümer der Katholische Kirche*, S. 55.
[78] Ebd. S. 56.
[79] Papst Paul VI.: *Christus und der Mensch von heute. Ansprachen und Aufsätze*, Goldmann 1968, S. 278-279, Hervorhebungen hinzugefügt.
[80] Pastoralkonstitution *Kirche und Welt* – Pos. 55, in: Rahner, Vorgrimler: *Kleines Konzilskompendium*, Freiburg: Herder 1966, S. 508.
[81] Ebd., Pos. 92, S. 551.
[82] Zitiert in: Mary Ball Martinez: *Die Unterminierung der Katholischen Kirche*, Verlag Anton Schmid, S. 68.
[83] Ebd., S.70.
[84] Ebd., S. 128.
[85] Johannes Paul II.: *Die Mutter des Erlösers. Enzyklika Redemptoris Mater.* Stein am Rhein: Christiana 1987, S. 48, 49.
[86] Ebd., S. 39-40, 43-44, Hervorhebung hinzugefügt.
[87] Michael Pachtler: *Kirche und Loge*, S. 16.
[88] Samuel Külling: *Rom und die Evangelischen,* Basel: Immanuel-Verlag ,Titelseite.
[89] Johannes Paul II.: *Die Mutter des Erlösers*, a.a.O., S. 37.
[90] Ebd., Pos. 41, 40 und 44, S. 48 und 52.
[91] Ebd., Pos. 32, S. 39.
[92] Ebd., Pos. 42, S. 50.
[93] Ebd., Pos. 43, S. 51, Hervorhebung im Original.
[94] Johannes Paul II: *Tertio millennio adveniente*, Stein am Rhein: Christiana, 1995, S. 46.
[95] *Die Mutter des Erlösers,* a.a.O., Pos. 40, S. 48 und Pos. 47, S. 55.
[96] Ebd., Pos. 47, S. 55.
[97] Siehe z.B. die Konstitution *Lumen gentium*, Pos. 61 und 62.
[98] Das Interview wurde auf der katholischen Internseite kath.net veröffentlicht unter www.kath.net/detail.php?id=3586 (Stand: 15.04.2004).

Kapitel 4: Braut oder Babylon – wahre oder falsche Einheit?

[99] R. Pache, *Die Wiederkunft Jesu Christi*, Wuppertal, 11. Aufl. 1987, S. 176 f. 168.

Kapitel 5: Evangelikale Führer auf dem Weg nach Rom

[100] Iain Murray: *Evangelicalism Divided*, Edinburgh: Banner of Truth Trust 2000.
[101] Vgl. die positive Wertung von Solowjews ökumenischer Vision in: Künneth/ Beyerhaus (Hg.), *Reich Gottes oder Weltgemeinschaft?*, Bad Liebenzell 1975, S. 351 ff. Diese positive Wertung Solowjews hat Beyerhaus immer wieder bestätigt (z.B. in Diakrisis Nr. 1/1998, S. 53 f.).
[102] Vgl. R. Möller, »Evangelikal und katholisch?«, in: *Das Signal* Nr. 114/115,

Dez. 1997, S. 1-8 (das Titelbild zeigt Beyerhaus in vollem katholischem Bischofsornat mit Hirtenstab).

[103] Regel der Bekenntnisbruderschaft St. Peter und Paul, S. 3; zit. auch bei: Möller, ebd. In seiner Entgegnung auf Möllers Artikel bestritt Beyerhaus den Vorwurf der ökumenischen Offenheit nicht, gab letztlich auch den Gebrauch von sieben Sakramenten zu, versuchte aber, dies mit seiner »unveränderten« evangelikalen Grundeinstellung zu verbinden: »Es gibt nämlich keine biblisch begründete evangelikale Glaubensüberzeugung, die ich im Zusammenhang mit der Bildung der BPP (Bekenntnisbruderschaft St. Peter und Paul; d. Verf.) und meiner Bischofsweihe preisgegeben hätte« (*Diakrisis* 1/1998, S.60).

[104] Vgl. *idea Spektrum* Nr. 17/2002.

[105] So laut *Ev. Gemeindeblatt für Württemberg* Nr. 23/2003 vom 8. Juni 2003, S. 3.

[106] *Gesandt in die Welt.* Bericht von Landesbischof Gerhard Maier vor der 13. Württembergischen Evangelischen Landessynode am 4. Juli 2002, Stuttgart 2002, S. 22.

[107] Schwäbische Zeitung vom 15. August 2002; http://www.initiative-unita-dei-cristiani.com.

[108] *Einheit in der Vielfalt.* Selbstdarstellung der Initiative Unità dei Cristiani – Einheit der Christen – Ökumene, Stegwiesen 2, D-88477 Schwendi-Hörenhausen. – Man beachte, dass hier im Hintergrund nicht nur die interkonfessionelle, sondern bereits die interreligiöse Ökumene anklingt und dass der Assisi-Synkretismus des Papstes mit den heidnischen Religionen nicht abgelehnt, sondern positiv gesehen wird (s.u.)!

[109] Vgl. zur Beurteilung der interreligiösen Ökumene: Franzke/Gassmann/Leuenberger: *Ökumene der Religionen und Absolutheit Jesu Christi. Gibt es ein gemeinsames Weltethos?*, Wuppertal 2001.

[110] Gerhard Maier: *Gemeinsam glauben – Miteinander forschen*, Festvortrag zur Jubiläumsfeier am 13.12.2002«, in: *Evangelikale Theologie. Mitteilungen des AfeT*, Mai 2003, S. 7-12 (hier: S. 7 f.).

[111] Rainer Wagner: *Gemeinde Jesu zwischen Spaltungen und Ökumene. 2000 Jahre Kirchengeschichte aus bibelteuer Sicht*, Wuppertal 2002, S. 272.

[112] Aufatmen, Winter 2001/2002, S. 59 u. 62. Vgl. auch die Darstellung der Position Strauchs und der Deutschen Evangelischen Allianz in der Idea-Dokumentation Nr. 22/1994.

[113] In *idea Spektrum* Nr. 11/1989.

[114] H. Becker, Jahresbericht der EG 1989, S. 13.

[115] *idea Spektrum* Nr. 40/2002, S. 18 ff.

[116] *idea Spektrum* 51/52 2003, S. 6.

[117] Bericht auf der VEF-Internetseite www.vef.info, Nachrichtenarchiv.

[118] *idea Spektrum* 49/2003, S. 9.

[119] E-Mail-Newsletter »Die Gemeinde« vom 5. April 2004.

[120] Pascal Kaul: *Fünf Jahre Aufatmen*, Eigen-Verlag, Hinwil 2001, S. 22.

[121] *Aufatmen*, Sommer 2002, S. 101.

[122] Vgl. Wagner, *Gemeinde Jesu zwischen Spaltungen und Ökumene*, S. 273.

[123] Vgl. *idea Spektrum* Nr. 41/2002, S. 10.

[124] G. Wasserzug-Traeder, *Ein ernstes Wort zur ökumenischen Bewegung*, Beatenberg 1963.

Kapitel 6: Der aktuelle Trend nach Rom

[125] *Die Welt*, 19. Mai 2003.

[126] *Ideenheft*, S. 3.

[127] Ebd., S. 18.

[128] *Ideenheft*, S. 22.

[129] »Das Jahr der Bibel 2003 – Chancen und Gefahren«, in: Bibel und Gemeinde 1/2003.

[130] Interview mit Steffen Kahl, *idea Spektrum* 50/2003, S. 16.

[131] *idea spektrum* 20/1995, S.16-17.

[132] Siehe den von ProChrist herausgegebenen Auswertungsbericht »Berichte, Gebetsinformationen und Erlebnisse«, S.2.

[133] Wolfgang Nestvogel in *Bekennende Kirche* Nr. 14, S. 17; vgl. Jens Grapow in *ProChrist – wohin?*, Bielefeld, CLV 2002.

[134] *idea Spektrum* 2/2003, S. 2.

[135] *Bekennende Kirche*, Nr. 14, S. 18.

[136] Ebd.

[137] Pressemeldung der DEA unter http://www.ead.de/aktuell/archiv.php?id=509.

[138] H. Matthies, »Von der Sehnsucht nach Einheit«, in: *idea Spektrum* Nr. 22/2003, S. 3.

[139] Die genaueren Umfrageergebnisse finden sich im Betanien-Newsletter Nr. 15 unter http://www.betanien.de/newsletter.

[140] *idea Spektrum* (18/2004) meldete etwa 600 erwachsene Teilnehmer.

[141] *idea Spektrum* 17/2004, S. 14f.

[142] In *Aufatmen* Nr. 1/2000, S. 57-58, sagte Peter Strauch: »Allein das Bekenntnis zu dem Retter und Herren Jesus Christus ist das entscheidende Kennzeichen der Einheit … Wir haben kein Recht zu weiteren Grenzziehungen unter uns.« In *EINS*, dem Sonderheft zur Impulstour, erklärte er: »Die Menschen, die bekennen: ›Jesus Christus ist mein Retter und mein Herr‹ gehören zusammen« (S. 12).

[143] *idea Spektrum* 17/2004, S. 15.

[144] *Aufatmen*, Ausgabe Winter 2001.

[145] Hans Hauzenberger: *Einheit auf evangelischer Grundlage*, Gießen: Brunnen 1986, S.165ff.

[146] *idea Spektrum* 17/2004, S. 17.

[147] Wort und Geist, Interview vom Januar 2000, entnommen von http://www.bfp.de/wir/einbindung/strauch_interview.htm (Stand 27.04.04).

[148] Punkt 2 und 4 der »Verpflichtung zur Förderung der Einheit unter den Christen«, wie abgedruckt in Idea Spektrum 17/2004, S. 17. Einzelne Punkte dieser Selbstverpflichtung werden auch in dem Buch zur Impulstour propagiert: Rudolf Westerheide: *Eins – wie wir als Christen glaubwürdig werden*, Wuppertal: Brockhaus 2004.

[149] *idea Spektrum* 18/2004, S. 5.
[150] Am 24. April 2004 in Hannover.
[151] *Aufatmen* 3/2003.
[152] Siehe dazu die Geschichte dieser Initiative unter http://www.miteinander-wie-sonst.de/docs/geschichte.html.
[153] E-Mail-Newsletter des katholischen Nachrichtendienstes Zenit vom 7. März 2004.
[154] Entnommen von unter http://www.miteinander-wie-sonst.de/docs/programm_mai.html sowie http://www.gge-online.de/files/events/Vorl ProgrammStuttgart.pdf und dem Newsletter von Zenit, 7. März 2004.
[155] Information auf der Internetseite der Bewegung http://www.fokolar-bewegung.de.
[156] *Aufatmen* Winter 2003/2004, S. 81.
[157] Diese Nachricht liegt dem Autor als E-Mail vor.
[158] http://www.jesus-tag.de.
[159] infomagazin zum Jesus-Tag 2004, S. 15. Hervorhebung im Original.
[160] Ebd., S. 3.
[161] Zur geistlichen Kriegsführung und der Jesus-Marsch-Bewegung siehe Wolfgang Bühne: *Die Propheten kommen!*, Bielefeld, CLV 2. Aufl. 1995, S. 99ff.
[162] Aus dem Vorwort des Liederbuches »Du bist Herr«, Asslar: Projektion J.
[163] »Brief an die Freunde« der GGE, Nr. 13 vom 1.3.2004, S. 12.
[164] Ebd., S. 14.
[165] *Charta Oecumenica – Arbeitshilfe*, Herausgegeben vom ACK, 2. Aufl. 2003, S. 42-43.
[166] E-Mail-Newsletter von Radio Vatikan, 23. Januar 2004.
[167] E-Mail-Newsletter von Radio Vatikan, 25. März 2004.
[168] Berneck: Schwengeler 1994.

Kapitel 7: Die Alternative: biblische Einheit

[169] Rudolf Westerheide: *Eins. Wie wir als Christen glaubwürdig werden* (offizielles Buch zur Impulstour der Ev. Allianz), Wuppertal: Brockhaus 2004, S. 82.

Anhang 1: Die Rückkehr-Ökumene der katholischen Kirche

[170] Für eine ausführlichere Darstellung und Beurteilung der römisch-katholischen Kirche und Lehre vgl. meine Schriften: Was kennzeichnet die Katholische Kirche?, Lage, 2. Aufl. 2000; Kirche in der Diskussion. Papstkirche, Staatskirche oder Gemeinschaft der Glaubenden? (in Vorbereitung).
[171] *Katechismus der Katholischen Kirche*, München: Oldenbourg u.a. 1993.
[172] Augustin, ev. Jo. 21,8.
[173] Thomas v. A., S. th. III, q. 48, a. 2, ad 1.
[174] Rundschreiben Papst Pius XI. »Miserentissimus Redemptor«, 1928; s. Neuner-Roos, Der Glaube der Kirche, 10. Aufl. 1979, Nr. 241ff.
[175] Neuner-Roos, S. 248.
[176] Ebd., S. 347.
[177] »Lumen gentium« 1; s. Neuner-Roos Nr. 408.
[178] Neuner-Roos Nr. 413.

[179] Neuner-Roos, S. 248.
[180] »Lumen Gentium« 14; s. Neuner-Roos Nr. 417.
[181] Neuner-Roos Nr. 375.
[182] Neuner-Roos Nr. 369.
[183] »Lumen Gentium« 8; s. Neuner-Roos Nr. 411.
[184] »Lumen Gentium« 13; s. Neuner-Roos Nr. 416.
[185] »Lumen gentium« 14f. und »Unitatis redintegratio« 3.13-18; s. Neuner-Roos Nr. 417f. und KKK Nr. 837f.
[186] »Lumen gentium« 16; KKK Nr. 839ff.
[187] vgl. K. Rahner, »Das Christentum und die nichtchristlichen Religionen«, 1961, abgedruckt in: Schriften zur Theologie, Bd. V, 1962.
[188] »Ad gentes« 7; KKK Nr. 848.
[189] »Lumen gentium« 13; KKK Nr. 831.
[190] Neuner-Roos Nr. 441.
[191] Neuner-Roos Nr. 443.
[192] Neuner-Roos Nr. 430.
[193] Neuner-Roos Nr. 434.
[194] Neuner-Roos Nr. 445.447.
[195] Neuner-Roos Nr. 454.
[196] Neuner-Roos S. 310.
[197] »Lumen gentium« 25; s. Neuner-Roos Nr. 466.
[198] Neuner-Roos Nr. 468f.
[199] Rahner, Vorgrimler: *Kleines Konzilskompendium*, a.a.O., S. 217.
[200] Alle Zitate nach: Rahner, Vorgrimler, a.a.O., S. 229-250.
[201] Hiert zitiert aus der amtlichen vatikanischen Fassung. Stein am Rhein: Christiana 1995.

Anhang 2: Zitate zur ökumenischen Bewegung

[202] Aus: Martyn Lloyd-Jones: *Einig in Wahrheit*, Friedberg: 3L-Verlag 2003.
[203] Entnommen aus: *Gemeindegründung* Nr 3/03, S. 21.

Weitere Literaturhinweise:

Erich Brüning: *Der fremde Agent. Freimaurerei, Vatikan und die Evangelikalen.* Wuppertal: Verlag für Reformatorische Erneuerung 2004.
Lothar Gassmann: *Pietismus wohin? Neubesinnung in der Krise der Kirche.* Wuppertal: Verlag für Reformatorische Erneuerung 2004.
Hans-Werner Deppe: *Sind Sie auch katholisch?* Bielefeld, CLV 1996.
Sowie Anzeigen am Ende dieses Buches.

Personen- und Sachverzeichnis

Buchempfehlung

Wilfried Plock

Gott ist nicht pragmatisch

Wie Zweckmäßigkeitsdenken die Gemeinde zerstört

Betanien Verlag
Paperback, 158 Seiten
ISBN 3-935558-67-8
Euro 6,50 / sFr 11,50

In der evangelikalen Gemeindelandschaft vollziehen sich dramatische Veränderungen. Ein Paradigmenwechsel ist eingeleitet. Viele Gemeinden wollen keine Kontrastgesellschaft mehr sein, nicht mehr abgesondert für Gott. Ihre »Sinne wurden abgewendet von der Einfalt in Christus« (2. Korinther 11,3). Sie wollen für die Welt da sein. Dabei wird jedoch übersehen, dass die Gemeinde ihre Kraft in dem Maße verliert, wie sie sich der Welt anpasst. Ihre Stärke war von je her nicht Gleichförmigkeit, sondern Andersartigkeit.

Ursache für diese Abkehr von der biblischen Wahrheit ist der Pragmatismus – die Anschauung, der Zweck heilige die Mittel. Nahezu alle populären Programme für Evangelisation und Gemeindewachstum scheinen vom Pragmatismus-Virus infiziert zu sein. Wilfried Plock, Leiter der »Konferenz für Gemeindegründung«, zeigt in diesem Buch anhand der Bibel: Pragmatismus verspricht zwar kurzfristigen Erfolg, hat aber langfristig fatale Folgen und zerstört das echte geistliche Leben, die Treue zu Gott und den Glauben an sein Wort.

Weitere Bücher vom Betanien Verlag

Patrick Tschui
Die Alpha-Welle
Wie biblisch ist der Alpha-Kurs?
Taschenbuch · 126 Seiten · ISBN 3-935558-08-2 · Euro 4,00 / sFr 7,00
Entspricht der Alpha-Kurs der biblischen Botschaft? Dieses Buch stellt schwerwiegende Anfragen an diesen stark verbreiteten, ökumenisch und charismatisch geprägten Glaubens-Grundkurs.

Brian Edwards
Wenn die Show das Wort erschlägt
Tanz und Theater in Evangelisation und Gottesdienst
Paperback · 158 Seiten · ISBN 3-935558-60-0 · Euro 7,50 / sFr 12,50
Sind Tanz und Theater in der Gemeinde Zeichen für geistliches Leben und Erweckung oder für Niedergang? Der Autor beantwortet diese Frage anhand der Bibel und der Kirchengeschichte.

Dan Lucarini
Worship bis zum Abwinken
Bekenntnisse eines ehemaligen Lobpreisleiters
Paperback · 126 Seiten · ISBN 3-935558-57-0 · Euro 5,00 / sFr 8,50
Bevor Lucarini Christ wurde, war Rockmusik sein Leben und auch nach seiner Bekehrung engagierte er sich musikalisch und wurde sogar Lobpreisleiter. Dann jedoch erfuhr seine Einstellung zu christlicher Musik eine erstaunliche Wende.

Arthur W. Pink
Was ist rettender Glaube?
Paperback · 190 Seiten · ISBN 3-935558-51-1 · Euro 8,50 / sFr 13,50
Pink hat die Bibel ausführlich studiert, um den wichtigsten Unterschied der Welt aufzuspüren: zwischen dem fatalen Irrtum, man sei gläubig und errettet, udn wahrem rettenden Glauben.

John MacArthur
Die Welt überwinden
Wie Jesus seine Jünger in Johannes 13-16 stärkte
Paperback · 190 Seiten · ISBN 3-935558-62-7 · Euro 9,50 / sFr 15,50
Am Vorabend seiner Kreuzigung gab der Herr Jesus seinen Jüngern sein geistliches Vermächtnis und erklärte ihnen, wie sie in dieser feindlichen Welt überleben können. Der Autor wendet die Lehre Jesu treffend auf das Leben in der Welt von heute an.